La Guerre

et

ses prétendus bienfaits

PAR

J. NOVICOW

Vice-président de l'Institut international de Sociologie.

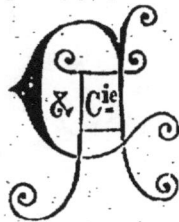

PARIS

Armand Colin & Cie, Éditeurs

Libraires de la Société des Gens de lettres.
5, rue de Mézières, 5

LA GUERRE

ET

SES PRÉTENDUS BIENFAITS

DU MÊME AUTEUR

***

Une *définition de l'Art*. Paris, PLON, 1882.

La Politique internationale. Paris, F. ALCAN, 1886. 1 volume in-8°.

Le Protectionnisme. Saint-Pétersbourg, 1890. 1 volume in-8° (en russe).

Les Luttes entre Sociétés humaines et leurs phases successives. Paris, F. ALCAN, 1893. 1 vol. in-8°.

Les Gaspillages des Sociétés modernes. Paris, F. ALCAN, 1894. 1 volume in-8°.

29953. — Paris, Imprimerie LAHURE, rue de Fleurus, 9

LA GUERRE

ET

SES PRÉTENDUS BIENFAITS

PAR

J. NOVICOW

Vice-Président de l'Institut international de sociologie

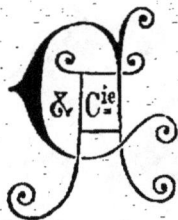

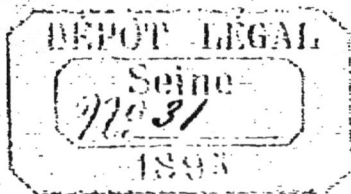

PARIS

ARMAND COLIN et Cie, ÉDITEURS

Libraires de la Société des Gens de lettres

5, RUE DE MÉZIÈRES

—

1894

LA GUERRE

ET

SES PRÉTENDUS BIENFAITS

La guerre a des partisans très convain-
cus. Ils lui attribuent de nombreux bienfaits. Les opinions des apologistes de la
force brutale doivent être examinées avec
le plus grand soin; elles doivent être
combattues avec une énergie proportion-
nelle aux maux qu'elles produisent.

Nous allons reprendre ces opinions une
à une, afin de montrer combien peu elles

1

soutiennent la critique non seulement de
la saine raison, mais même celle du bon
sens le plus vulgaire.

———————

CHAPITRE I

LA GUERRE CONSIDÉRÉE COMME FIN

Un auteur allemand, M. Max Jähns, vient de publier une ardente apologie de la guerre ([1]). Selon lui, « elle régénère les peuples corrompus, elle réveille les nations endormies, elle tire de leur mortelle langueur les races qui s'oublient et s'abandonnent. La guerre a été de tout temps un des facteurs essentiels de la civilisation ; elle a exercé une heureuse influence sur les mœurs, les arts et les sciences » ([2]). Des

([1]) *Ueber Krieg, Frieden und Kultur.* Berlin, 1893.
([2]) G. Valbert dans la *Rev. des Deux Mondes*, du 1ᵉʳ avril 1894, p. 693.

auteurs français soutiennent les mêmes
opinions. M. Valbert est au fond de l'avis
de M. Jähns et le grand Ernest Renan a
écrit quelque part : « Conservons avec
amour l'habitude de guerroyer de temps à
autre, parce que la guerre est l'occasion et
le lieu nécessaires à la manifestation de la
force morale » (¹). M. le Dʳ Le Bon dit de
son côté : « Pour les peuples qui s'affaissent,
une des principales conditions de relèvement est l'organisation d'un service militaire très dur et la menace permanente de
guerres désastreuses (²).

Dans l'opinion des auteurs que nous
venons de citer, la guerre produit des

(¹) Cité par M. P. Lacombe, *De l'histoire considérée
comme science.* Paris, Hachette, 1894, p. 85.
(²) *Les lois psychologiques de l'évolution des peuples.*
Paris, F. Alcan, 1894, p. 160.

bienfaits. Si elle venait à être supprimée, ces bienfaits disparaîtraient avec elle. La guerre a donc une fin en elle-même.

Or c'est là la grande erreur fondamentale d'où proviennent, par une conséquence logique, d'innombrables autres aberrations. Jamais la guerre n'a été une fin ni pour les animaux, ni pour l'homme. Depuis que des êtres vivants peuplent notre globe, ils se sont massacrés sans trêve et sans répit, à toutes les heures, à toutes les minutes, à tous les instants. Mais toujours la tuerie a été un moyen et non un but. Quand un lion étrangle une gazelle, c'est pour la manger. S'il n'a pas faim, il dort étendu au soleil. Un chasseur tire sur les oiseaux dont la chair fait un bon rôti. Il dédaigne les autres, même quand ils sont à portée de son fusil.

1.

Brûler ses cartouches pour les tuer, c'est perdre son temps et son argent.

Depuis la plus haute antiquité, les hommes se sont fait la guerre, mais toujours en vue d'un objectif quelconque. Le but poursuivi par chaque être humain est la jouissance. Si la mort de son semblable peut la lui procurer, il le sacrifie parfois sans aucune pitié (¹). Mais si ce n'est pas le cas, il ne se donne pas la peine de tuer, parce qu'un travail sans but est la pire des souffrances.

On fait la guerre pour l'un des motifs suivants : manger son semblable, lui enlever des femmes, le spolier (²), lui imposer

(¹) Ainsi Napoléon I⁻ a fait massacrer deux millions de Français pour avoir quelques satisfactions d'amour-propre.

(²) En allemand le mot *Krieg*, guerre, vient du mot *kriegen*, prendre, enlever.

une religion, certaines idées ou un type de culture.

Quand une contrée ne fournit pas assez de nourriture animale, on fait quelquefois la guerre pour prendre des prisonniers et les dévorer.

Nous passons sur le rapt des femmes ; il est pratiqué désormais dans des cas assez rares.

Les guerres entreprises en vue de s'emparer des biens mobiliers ont été et sont encore d'une pratique très générale. Mais ce qui prouve que dans ce cas, comme dans tous les autres, le combat est seulement un moyen, c'est la pratique du rachat. Souvent, pour ne pas être pillées, certaines populations consentaient à payer un tribut. Si la somme paraissait suffisante aux agresseurs, ils l'acceptaient et se trouvaient fort contents de n'avoir pas à livrer bataille.

César envahit la Gaule. Son but était de se rendre maître de ce pays pour des avantages qu'il serait trop long d'énumérer ici. La guerre fut rude ; mais si les Gaulois s'étaient soumis à la première sommation, César ne se serait pas donné la peine de faire une seule campagne et de massacrer un seul homme.

Au xvi⁰ siècle, les Flamands embrassèrent le protestantisme. Philippe II voulut les forcer de redevenir catholiques. Si, à la première sommation du roi d'Espagne, les Flamands étaient revenus à la religion de leurs ancêtres, Philippe II n'aurait pas envoyé un seul soldat aux Pays-Bas.

Le gouvernement autrichien avait introduit la centralisation dans toutes les provinces de l'empire. Cela contrariait les aspirations nationales des Magyars. Si François-Joseph, en montant sur le trône, avait consenti à réaliser leurs vœux, ils n'auraient pas fait la guerre en 1848.

L'auteur a entendu exprimer l'opinion suivante : « Les idées rétrogrades triomphent en ce moment ; si cela continue, l'Europe est perdue. Il faut une guerre générale pour nous mettre dans une meilleure voie. Les vaincus seront obligés de s'amender. Éclairés par la défaite, ils réformeront leurs anciennes institutions. Les vainqueurs feront de même par nécessité et le libéralisme l'emportera. » La personne qui s'exprimait ainsi était prête à voir sacrifier un million d'hommes (une guerre générale en Europe causera au moins ce nombre de victimes) pour le triomphe de ses idées. C'est un procédé de propagande un peu cruel, il faut l'avouer, mais dans ce cas, comme dans tous les autres, les massacres devaient être un moyen et non un but.

Ainsi l'objectif de la guerre a été tour à tour le cannibalisme, le brigandage, l'intolérance et le despotisme. Aucune de ces actions n'est tenue pour bienfaisante. Comment le moyen par lequel elles sont effectuées, c'est-à-dire la guerre, peut-il être bienfaisant? C'est un mystère incompréhensible.

On le voit, il suffit d'abandonner la métaphysique nuageuse et de se mettre un seul instant sur le terrain des réalités concrètes pour voir s'évanouir en fumée tous les prétendus bienfaits de la guerre.

La guerre pourrait avoir une fin en elle-même, elle pourrait avoir des conséquences favorables à notre espèce seulement si la douleur et la mort étaient des jouissances. Or chacun sait que ce n'est pas le cas.

CHAPITRE II

LE RAISONNEMENT UNILATÉRAL

Ceux qui attribuent à la guerre des bienfaits moraux, commettent une surprenante erreur de raisonnement : ils ne songent qu'à la défense, jamais à l'attaque.

« Il faut vaincre quelque répugnance, dit Sismondi ([1]), pour oser dire que la guerre est nécessaire à l'humanité, que ces guerres privées elles-mêmes que nous nommons duels, conservent chez nous quelques vertus. Cependant on a vu des nations renommées autrefois par leur vail-

([1]) *Histoire des Républiques italiennes.* Paris, Furne, 1840, t. II, p. 172.

lance, lorsqu'on les a éloignées de tout danger, qu'on leur a interdit l'usage des armes, qu'on a détruit en elles le point d'honneur qui fait braver la mort, perdre, avec le courage militaire, la force même qui maintient les vertus domestiques; on les a vues avilies dans la paix, par la cause même qui les exposait à être conquises à la première guerre; et on a pu se convaincre que, pour se rendre dignes de vivre, l'homme doit apprendre à braver le danger et la mort. »

Ces paroles sont typiques. Sans doute, défendre ses droits au péril de sa vie est une action des plus généreuses; sans doute, les sociétés qui ne veulent pas s'y résoudre tombent bientôt dans la plus basse abjection, seulement... on oublie l'autre côté de la question. Pour que les Ixois soient obligés de défendre leurs droits au péril de leur vie, il faut forcément qu'il y ait des Zédois qui violent ces droits aussi au péril de leur vie. Il ne peut pas y avoir de défense sans qu'il y ait nécessairement une attaque.

Autre exemple : « M. Jähns ne trouve rien à redire contre les guerres de croissance et d'expansion, mais celles qu'il préfère à toutes les autres sont les guerres vraiment défensives; ce sont les plus nobles, les plus glorieuses » (¹).

L'aveuglement de l'auteur allemand est vraiment surprenant. Comment une guerre défensive est-elle possible s'il n'y a pas,

---

(¹) *Revue des Deux Mondes*, loc. cit., p. 693.

d'autre part, une guerre offensive? Le plus faible château de cartes ne s'écroule pas si l'on ne souffle pas dessus; l'homme le plus timide du monde peut vivre tranquille si personne ne viole ses droits, c'est-à-dire si personne ne l'attaque.

On peut encore cueillir dans le livre de M. Jähns une autre perle de raisonnement unilatéral. Il prétend justifier la guerre en disant qu'elle est un droit et que « le premier de tous et le plus évident est le droit de vivre » ('). Assurément, mais il n'est pas celui de tuer. Or, sans assassins, il n'y aurait jamais de victimes.

Nous voyons quelques peuples tombés dans une profonde abjection. Tels sont les

('') *Revue des Deux Mondes*, p. 699.

Bengalais. Depuis des temps immémoriaux, ils ont subi toutes les conquêtes sans l'ombre d'une protestation. Quel que soit l'envahisseur, qui s'empare de leur pays, ils lui obéissent sans la moindre résistance. La dégradation des Bengalais est navrante; ils n'ont aucune énergie virile; ils sont rampants, menteurs, fourbes, faux; en un mot, la lie de l'humanité.

On dit que les Bengalais sont tombés à ce degré d'abjection parce qu'ils n'ont pas su faire la guerre et défendre leur patrie. Mais personne ne songe que les Bengalais sont tombés si bas parce que d'autres peuples les ont attaqués et leur ont fait la guerre. Cette manière de voir est cependant la plus juste. Supposez en effet que le Bengale n'eût jamais été envahi

2.

par une série de brigands couronnés du
nom pompeux de conquérants; supposez
que les habitants de ce pays n'eussent
jamais été obligés, le couteau sur la gorge,
d'abandonner aux agresseurs les neuf
dixièmes de leurs revenus; supposez que
les droits des Bengalais n'eussent jamais été
violés, qu'ils n'eussent pas été tyrannisés
de la façon la plus infâme. Ces hommes
porteraient la tête haute. Ils seraient fiers,
dignes, et prendraient peut-être pour devise :
« Dieu et mon droit ». Si personne n'avait
opprimé les Bengalais, ils n'auraient pas
eu besoin de devenir menteurs, fourbes et
rampants. L'homme acquiert ces défauts
parce qu'il les croit profitables. Dans un
pays où tous les droits sont respectés, personne n'est tenté de commettre des bas-

sesses complètement inutiles et toujours
pénibles.

Pourquoi les Bengalais sont-ils devenus la
lie de l'humanité? Parce qu'ils n'ont pas
su se défendre, disent les routiniers à
courte vue. Du tout; parce qu'ils ont été
attaqués. Là est la cause première.

C'est seulement grâce à l'étrange aberration du raisonnement unilatéral qu'on
peut attribuer des bienfaits moraux à la
guerre.

Quand, au sein de la société civile, un
homme attente aux droits d'autrui, toutes
nos sympathies sont pour la victime, toute
notre haine et notre mépris pour l'agresseur. X. a tenté d'assassiner Z. Z. est seulement blessé. Nous le soignons, nous lui
montrons la plus grande sollicitude. X, au

contraire, est mis au ban de la société, c'est
un criminel ; tout homme honorable s'es-
time honteux de frayer avec lui. X. est
jugé et guillotiné. Mais notre morale change
tout d'un coup dès qu'il s'agit de relations
internationales. Alors, par la plus étrange
des aberrations, toute notre sympathie,
toute notre admiration est pour le viola-
teur des droits de ses semblables (le glo-
rieux conquérant) ; toute notre haine, tout
notre mépris pour les victimes. Sans la
série des brigands qui ont envahi le Bengale, la population de ce pays n'aurait pas
ses vices actuels. Eh bien, chose étrange,
notre mépris est pour les malheureux corrompus et non pour les misérables corrupteurs.

En résumé, défendre ses droits au péril

de sa vie, préférer la mort au déshonneur
est grand, beau, généreux. Mais attenter
aux droits d'autrui, voler, piller, spolier,
tyranniser les consciences sont des actions
viles, basses et abjectes. Or tout agresseur
les commet nécessairement. Comme il ne
peut pas y avoir de guerre sans qu'il y ait
un offenseur, la guerre est donc une des
causes principales de la dégradation de
l'espèce humaine.

CHAPITRE III

LA GUERRE EST UNE SOLUTION

Dans ces derniers temps il avait été question de désarmement. Le roi de Danemark s'était vivement prononcé en sa faveur. Commentant ses paroles, la *Gazette de Moscou* s'exprime comme il suit : « Le désarmement est-il possible? Nous ne le croyons pas. Trop de fiel s'est accumulé entre les nations européennes.... La guerre est l'unique moyen de résoudre les questions internationales([1]). » A l'autre bout de notre continent, à Paris, la ville-lumière, on

([1]) Voir le numéro du 50 ou du 51 mars 1894.

s'exprime exactement de la même façon.
« Un instinct secret avertit les peuples, dit
M. Valbert, qu'aux grands maux il faut les
grands remèdes et aux grandes crises des
solutions violentes, que la parole ne fait
pas toujours des miracles, que la force a
son rôle à jouer dans les affaires humaines,
qu'à la longue certains malaises deviennent
intolérables, qu'il faut en finir à tout prix,
et on n'en *finit* qu'en se battant (¹). »

On ne sait vraiment pas ce qu'il y a de
plus révoltant dans ces paroles, de leur
froide cruauté ou de leur inconséquence.

La *Gazette de Moscou* appelle les faits à
l'appui de ses opinions. « De 1496 avant
notre ère à 1861, en 3358 ans, il y a eu

(¹) *Revue des Deux Mondes,* loc. cit., p. 696.

227 années de paix et 3150 années de guerre, soit une année de paix sur 13. Pendant les trois derniers siècles il y a eu 286 guerres en Europe. » M. Valbert dit, de son côté : « De 1500 avant Jésus-Christ jusqu'à l'an 1860 il a été conclu plus de 8000 traités de paix qui devaient subsister éternellement; leur durée moyenne a été de deux ans ('). »

Nous posons catégoriquement cette question aux partisans de la guerre : Si elle peut résoudre les questions, comment se fait-il que huit mille guerres n'ont rien résolu et qu'on sente, en l'an de grâce 1894, la nécessité de faire la huit mille et unième? Si de plus huit mille guerres n'ont rien

('). *Ibid.*, p. 692.

résolu, quelle probabilité y a-t-il que la huit mille et unième résoudra, comme par enchantement, toutes les questions en litige? Par quel coup de théâtre, par quel miracle incompréhensible cette huit mille et unième guerre aura-t-elle des vertus si extraordinaires? On devrait vraiment nous l'expliquer. La question en vaut la peine.

La prodigieuse inconséquence des rétrogrades est aussi complète dans chaque cas particulier que dans tous les cas en général. On entend dire constamment en France : «La guerre peut seule résoudre la question de l'Alsace-Lorraine. » Mais s'il en est ainsi, pourquoi la guerre de 1870 ne l'a-t-elle pas résolue? Or, si la guerre de 1870 n'a pas résolu la question de l'Alsace-Lorraine, c'est que la guerre ne peut résoudre ni

cette question, ni aucune autre. En effet,
que les Allemands subissent une défaite
complète à la prochaine campagne, la situation restera la même qu'en 1871. Les
Allemands auront perdu une province qui,
dans leur opinion, est « la chair de leur
chair et le sang de leur sang ». Ils fourbi-
ront de nouvelles armes, ils épieront toute
occasion favorable de reprendre l'Alsace-
Lorraine, comme ils l'ont fait depuis 1648.
Où sera la solution?

En 1871 l'Allemagne croyait aussi avoir
résolu ses différends avec sa voisine de
l'ouest. Par la contribution des cinq milliards elle croyait l'avoir saignée à blanc.
Napoléon Ier pensait aussi en avoir *fini* avec
la Prusse, après Iéna, en lui prenant la
moitié de son territoire et en réduisant son

armée à quarante mille hommes. Vaines
illusions de la routine, chimères de l'aveuglement humain! Et il faut bien se décider
à comprendre que les « saignées à blanc »
dans l'avenir seront aussi inefficaces que
dans le passé.

Parlant des factions des villes italiennes
du moyen âge, Massimo d'Azeglio s'exprime
comme il suit : « Toutes les fois qu'un
parti arrivait au pouvoir, il croyait folle-
ment pouvoir s'y maintenir en usant de
moyens injustes et violents. Ce fut, au contraire, la raison par laquelle aucun parti
ne put s'assurer une domination de longue
durée (¹). »

Ainsi des questions internationales. Elles
ne seront jamais résolues aussi longtemps

(¹) *Niccolo de' Lapi.* Florence, le Monnier, 1866, p. 63.

qu'on usera de la violence, c'est-à-dire
aussi longtemps qu'on fera la guerre. Le
passé nous est garant de l'avenir. Si huit
mille guerres n'ont amené aucun résultat,
il faut être vraiment frappé de démence
pour croire que les batailles sont un moyen
de résoudre les conflits internationaux.

Une question est résolue seulement quand
elle est réglée d'une façon considérée comme
juste par les deux parties en litige. Nous
citerons un exemple. Quand les Anglais se
sont emparés du Canada, ils ont voulu imposer leur langue aux compagnons de
Montcalm. Ils ont employé pour cela la violence la plus brutale (¹). La révolte armée,

(¹) Une des pages les plus horribles de l'histoire de
l'Angleterre est l'expulsion des malheureux Acadiens français, qui est restée dans le souvenir des populations sous
le nom de « grand dérangement ».

5.

c'est-à-dire la guerre, finit par éclater en
1837. Elle fut suivie de la répression militaire par les gibets. Mais bientôt l'Angleterre abandonna cette politique absurde et
surannée. Elle renonça à dénationaliser
les Canadiens, elle reconnut qu'ils avaient
le droit d'être français et établit en Amérique un ordre de choses juste et équitable
pour tout le monde. Aussi M. Mercier, premier ministre de la province de Québec, a
pu dire au banquet de l'alliance française,
le 16 avril 1891 : « Maintenant nos libertés
sont assurées par une constitution sage et
généreuse sous la direction éclairée des
hommes d'État de l'Angleterre, nos luttes
sont finies [1]. » Le respect des droits, la

(1) *Bulletin de l'Alliance française*, avril-juin 1891,
p. 43.

justice, de mutuelles concessions, tels sont
les moyens de résoudre les conflits. Les
massacres n'y réussiront jamais. On en a
commis des milliers et des milliers depuis
les temps historiques. Ils n'ont jamais rien
résolu. On en commettra des milliers et
des milliers d'autres sans obtenir de meilleur résultat. Chaque guerre actuelle est
seulement la semence d'une guerre future.

Une chose fait illusion. Après d'épouvantables carnages, les belligérants sont
quelquefois épuisés ; ils aspirent après le
repos. Ils nomment des plénipotentiaires
pour régler leurs différends. Comme on
veut la cessation des hostilités de part et
d'autre, on se fait des concessions mutuelles, on s'arrange, on finit par décou-
vrir un *modus vivendi* également acceptable

pour toutes les parties. Ce sont ces bonnes
volontés, ce sentiment de justice qui
amènent les solutions, et non les héca-
tombes qui les ont précédées, c'est-à-dire
la guerre. Si l'on avait voulu montrer le
même esprit de concorde avant les hostilités, on se serait entendu sans aucun
doute. Mais, comme l'établissement d'un
ordre de choses plus ou moins équitable,
assurant la justice et la tranquillité, suit
très souvent les guerres les plus sanglantes, il se forme une fausse association
d'idées dans l'esprit humain. On attribue
la solution des différends internationaux à
la guerre, quand, au contraire, elle est due
uniquement au respect des droits d'autrui,
à l'esprit d'équité, à la bienveillance et aux
concessions mutuelles.

CHAPITRE IV

RÉSULTATS PHYSIOLOGIQUES

Un des principaux bienfaits attribués à
la guerre, est d'opérer une sélection favorable à notre espèce. La guerre, à ce
qu'on prétend, élimine les races dégéné-
rées, assure l'empire de la terre aux races
vigoureuses et bien douées, et, par ce
moyen, améliore constamment le genre
humain.

Il y a peu d'erreurs plus profondes. Il est
facile de démontrer, au contraire, que la
guerre a produit *de tout temps* une sélection
à rebours. Elle a toujours éliminé les individus physiologiquement les plus parfaits

et a laissé subsister ceux qui l'étaient le moins. La guerre n'a pas hâté l'amélioration de l'espèce, elle l'a retardée. Cette amélioration s'est produite non pas grâce à la guerre, mais malgré elle.

Depuis la plus haute antiquité les hommes les mieux constitués, les plus vigoureux sont allés combattre ; les faibles, les malades, les contrefaits sont restés chez eux. Chaque bataille enlevait donc une partie de l'élite, laissant subsister les non-valeurs sociales. Mais, de plus, au sein même de l'armée, il y avait des braves et des lâches. Les premiers sont certainement les plus parfaits au point de vue physiologique. Comme ils se mettaient le plus en avant, ils tombaient en plus grand nombre. Une seconde sélection venait se superposer ainsi à la première pour éliminer les meilleurs.

On dit que dans la période de la sauvagerie la guerre était sans pitié entre les tribus. Les vainqueurs massacraient les vaincus jusqu'au dernier homme et épousaient les femmes. De cette façon il s'opérait un croisement favorable. Cela serait vrai seulement à une condition : s'il n'y eût pas eu un seul mort parmi les vainqueurs. Or, évidemment, cela n'a jamais été le cas. Certaines rencontres sont si acharnées que le nombre des victimes est égal de part et d'autre et, même, parfois, plus grand du côté de ceux qui sont restés les maîtres du terrain. Donc le nombre des beaux hommes, qui pouvaient avoir des femmes, était toujours moindre après une bataille qu'avant.

La guerre a donc toujours produit une sélection à rebours.

Mais d'ailleurs massacrer tous les vaincus est impossible. Plusieurs devaient se dérober par la fuite. De bonne heure aussi, au lieu de massacrer les vaincus, on les réduisit en esclavage. Les vaincus se mariaient et procréaient des enfants. La guerre, après avoir éliminé les plus braves, laissait subsister les plus faibles; elle n'opérait donc aucune sélection favorable.

De nos jours les vainqueurs n'épousent pas les femmes des vaincus. Au contraire, les haines, suscitées par les batailles, empêchent les mariages entre les belligérents. Le nombre d'unions entre Français et Allemandes ou entre Allemands et Françaises est certes inférieur à ce qu'il était

avant 1870. Ainsi le prétendu bienfait
attribué à la guerre à l'époque de la sauvagerie, disparaît complètement dans la période de la civilisation.

« Plus un jeune homme est vigoureux,
bien portant, normalement constitué, dit
M. E. Hæckel (¹), plus il a la chance d'être
tué par le fusil à magasin, les canons rayés
et les autres engins de civilisation de même
espèce. » Les commissions de recrutement
sont impitoyables. Sitôt qu'un jeune homme
a le moindre défaut physique (même de
mauvaises dents et une vue médiocre), elles
le repoussent. On prend donc la fleur de
notre espèce pour les boucheries. Où voit-
on ici une sélection favorable? Il faut

(¹) *Histoire de la création naturelle.* Paris, Reinwald,
1884, p. 125.

4

avoir un esprit bien prévenu pour soutenir que de nos jours la guerre améliore les races.

Napoléon a fait tuer 5 700 000 hommes. Qui osera affirmer que c'étaient les moins bien constitués? Tout le monde sait, au contraire, que c'était l'élite de l'Europe. Lors de la guerre du Paraguay, « la population virile disparut presque complètement, il ne resta que les malades et les infirmes ([1]). » Pourrait-on affirmer que cela devait améliorer la race des Paraguayens?

Mais il y a autre chose encore. Chez l'homme, l'ardeur génésique arrive à son point culminant pendant les années qu'il passe à la caserne. On ne dira certes pas

([1]) E. Reclus, *Nouvelle Géographie universelle*, t. XIX, p. 505.

que le soldat sous les drapeaux a la même
facilité pour procréer des enfants que le
citoyen resté dans la vie civile. Par conséquent, au moment même où l'élite d'une
génération voudrait le plus assurer sa
descendance, elle est empêchée de le
faire. Les réformés ont toutes les faci-
lités, au contraire, d'avoir des relations
sexuelles. Leur progéniture devient donc
de plus en plus nombreuse, et les races
vont toujours en s'abâtardissant, non seulement à cause des batailles, mais même,
en pleine paix, à cause du militarisme.

D'autres facteurs combattent les effets
désastreux produits par la guerre et les
atténuent dans une forte mesure. C'est
pourquoi nous n'apercevons pas de dégé-
nérescence dans l'ensemble.

Si les guerres perfectionnaient les races, les sociétés les plus belliqueuses seraient composées des hommes les plus beaux. Or ce n'est pas le cas. C'est même le contraire. A coup sûr les Anglais sont une des plus belles races de la terre. Eh bien! ils sont aussi un des peuples les moins belliqueux, puisque seuls, en Europe, ils ont aboli le service militaire obligatoire.

Nul ne pourra contester que les exercices athlétiques, les sports de tous genres contribuent à améliorer l'animal humain. Ils donnent de la vigueur aux muscles, de la souplesse au corps; ils développent l'endurance et l'énergie; bref, ils tendent à la perfection physiologique de l'individu. Eh bien! on peut observer de notre temps un étrange phénomène. L'exercice des sports athlétiques est, pour ainsi dire, en raison inverse du militarisme. Pratiqués sur une immense échelle en Angleterre (la régate entre les étudiants d'Oxford et de Cambridge y est un événement national), les sports le sont moins dans l'Europe occidentale et presque pas en Russie. En effet, quand les exercices de corps ont été imposés à un jeune homme par le brutal officier instructeur de nos armées modernes, ils inspirent un dégoût qui les fait considérer avec horreur pendant tout le reste de la vie.

On le voit, la guerre n'a jamais contribué à améliorer l'espèce humaine au point de vue physiologique. Elle a toujours eu la tendance contraire. Si, néanmoins, cette

4.

amélioration s'est opérée, ce n'est pas grâce à la guerre, mais malgré elle. Les principaux facteurs du perfectionnement sont l'amour et la mort.

Les hommes les plus beaux et les femmes les plus belles ont plus de chances d'exciter les passions sexuelles, les difformes et les laides moins. De là une sélection favorable. D'autre part, les incapables sont rejetés dans les classes inférieures de la société; ils ont les travaux les plus pénibles, les plus dangereux et les plus mal rémunérés. Leur aisance étant moindre, la mortalité est plus forte chez eux que chez les mieux pourvus. Ces deux facteurs opèrent constamment une élimination des êtres inférieurs. Les proportions de ce volume ne nous permettent pas de nous étendre sur ce sujet. Nous l'exposerons avec les développements qu'il comporte dans un travail particulier.

CHAPITRE V

RÉSULTATS ÉCONOMIQUES

Le plus grand nombre des guerres est provenu du désir de s'approprier la richesse d'autrui. On faisait des expéditions pour s'emparer des biens mobiliers, puis des biens immobiliers, enfin du produit des impôts perçus sur un certain ensemble de populations. L'idée qu'on peut s'enrichir plus vite en s'emparant des biens du voisin qu'en travaillant soi-même est une des plus profondément ancrées dans l'esprit humain. Elle est si persistante que, jusqu'à nos jours, elle est partagée même par des économistes très distingués. « Les hommes

étant inégaux en force, les plus forts pouvaient s'emparer du produit du travail des
plus faibles en dépensant une moindre
somme de travail et de peine que celle
qu'ils auraient dû dépenser en produisant
eux-mêmes », dit M. de Molinari ([1]). Il n'en
a jamais été ainsi. C'était de tout temps
une apparence, mais non une réalité. La
guerre a toujours coûté plus d'efforts que
la production directe. Et d'abord la peine
se mesure aux désagréments d'un métier.
Or, il est évident que le métier de soldat,
par les risques, les souffrances et les fati-
gues qu'il oblige d'endurer, est un des plus
pénibles de la terre. Aussi depuis la plus
haute antiquité il a été tenu en horreur

([1]) *Science et religion*. Paris, Guillaumin, 1894, p. 17.

par tous les hommes. Sitôt qu'on peut se dispenser du service militaire, on le fait avec bonheur. On voit souvent des gens se mutiler, de nos jours, pour ne pas devenir soldats. En voit-on qui s'amputent un doigt pour ne pas devenir serrurier, maçon, ingénieur ou peintre? Donc tous ces métiers et presque tous les autres sont considérés comme plus agréables que celui de soldat.

Mais les désagréments produits par la guerre ne cessent pas avec la fin des hostilités. Le lendemain de la victoire est peut-être plus dur que le jour de la bataille. Un des avantages les plus considérables de la conquête paraissait, autrefois, la possibilité de faire des esclaves. Alors, grâce au travail des vaincus, le maître pouvait vivre

dans l'indolence et dans le faste. Quoi de
plus agréable en apparence? Mais les réalités sont toutes différentes. D'abord le travail
servile est moins productif que le travail
libre. Une expérience mille fois répétée
démontre que les pays où l'esclavage est
introduit prospèrent peu. C'est de la richesse générale et publique que provient
la plus grande partie de nos jouissances;
par conséquent, si elle s'accroît moins vite,
nous éprouvons un dommage personnel.
Mais il y a plus. Le maître des esclaves peut
ne rien faire toute la journée, et sa vie peut
ne pas être plus agréable pour cela. Plus le
travail qu'il impose est dur, plus il provoque
de haine et de ressentiment. L'oppression
produit des vengeances individuelles et des
révoltes générales. Nous savons, par les

lettres de Pline, que les grands seigneurs
romains, même ceux qui traitaient leurs
esclaves avec humanité, vivaient dans des
transes perpétuelles. A chaque instant ils
craignaient d'être assassinés. Cet état de
choses a existé aussi en Russie du temps
du servage. Beaucoup de propriétaires,
allant faire une excursion dans la campagne, devaient se munir d'une escorte par
crainte de leurs paysans. Il faut avouer que
cette existence devait avoir peu de charme.
Les seigneurs féodaux du moyen âge n'étaient
pas plus fortunés. Ils faisaient des guerres
perpétuelles et pillaient leurs voisins avec
la plus charmante désinvolture; mais, hélas!
leur vie n'était pas plus gaie pour cela. Ils
étaient obligés de s'enfermer dans des châ-
teaux forts qui nous paraîtraient de véritables

prisons. Pour sortir, ils devaient s'entourer d'une bande armée. A chaque instant ils craignaient d'être assaillis et tués. Franchement, cela devait offrir une gaieté fort médiocre. Si l'un de nous se trouvait aujourd'hui dans des circonstances analogues, il s'estimerait profondément malheureux. Songez donc quel cauchemar, ne pas pouvoir franchir le seuil de sa maison sans voir la mort se dresser à chaque pas devant soi !

La richesse n'est qu'un moyen, la jouissance est le but. Mais, on le voit, même si par la guerre on peut s'emparer des richesses d'autrui « avec une moindre somme de travail », on obtient par elle une médiocre somme de jouissances.

Mais la proposition même que, par la

guerre, on arrache les richesses avec une moindre somme de travail ne soutient pas la critique.

Toute entreprise suppose une mise de fonds, un capital. Un capital est du travail accumulé. Si l'on met 100 000 francs dans une usine, cela revient à dire qu'auparavant des hommes ont gagné cette somme en travaillant un certain nombre d'heures, l'ont économisée et l'ont versée dans la nouvelle entreprise. Si le capital nécessaire pour l'usine était de 50 000 francs au lieu de 100 000, il représenterait une somme d'heures de travail moitié moindre.

Or il est facile de démontrer que le capital engagé dans l'entreprise militaire, a toujours été plus considérable que le capital engagé dans les autres. Justement plus les hommes croyaient que la guerre pouvait enrichir « avec une moindre somme de travail et de peine », plus ils étaient portés à exercer cette industrie, par conséquent à la bien organiser, à la pourvoir de l'outillage le plus parfait, en un mot à y verser des capitaux de plus en plus importants. C'est ce qui est arrivé, en effet. En 1869, M. Laroque évaluait à 19 500 000 000 de francs la valeur des propriétés mobilières et immobilières affectées au service de la guerre, en Europe seulement ([1]). Sans doute on n'exagérera rien en supposant que ce capital a au moins triplé depuis 1871. Mais contentons-nous d'admettre qu'il a seulement doublé. Nous sommes donc en pré-

([1]) *La guerre et les armées permanentes.* Paris, C. Lévy, 1870, p. 246.

sence d'un chiffre de 40 milliards. Mais ce
n'est encore rien. L'entretien de nos armées
coûte actuellement 5 515 000 000 de francs
par an (¹). Cet argent doit sortir de quelque
part; il est produit, en dernière analyse, à
l'aide de capitaux. Il est donc juste de le
considérer comme un intérêt. En le capita-
lisant, nous obtenons un principal qui
approche de 106 milliards de francs. De
cette façon, l'ensemble des capitaux affec-
tés à l'entreprise militaire monte à 146 milliards de francs. Une seule entreprise au
monde en a absorbé de plus considérables,
ce sont les chemins de fer. La guerre ne
peut donc pas enrichir « avec une moindre
somme de travail et de peine », puisque

(¹) Voir la *Riforma sociale*, avril 1894, p. 251.

5.

les capitaux engagés dans cette entreprise sont plus considérables que ceux engagés dans presque toutes les autres.

Et il en a toujours été ainsi. L'outillage militaire diminue avec la sécurité. Toulouse n'a plus besoin de se défendre contre Paris. Il est donc inutile d'élever des forteresses entre ces deux villes. Mais autrefois c'était indispensable. Certes, quand l'Italie formait quelques douzaines d'États indépendants se faisant des guerres continuelles, le capital engagé dans l'outillage militaire devait être plus grand proportionnellement à la richesse générale qu'il ne l'est aujour d'hui. Si l'Europe formait demain une fédération, le capital affecté à la guerre serait réduit dans une immense mesure.

Ainsi non seulement la guerre n'a jamais

enrichi « avec une moindre somme de travail et de peine », mais toujours elle a diminué le bien-être des hommes. La richesse ne provient pas de la possession des métaux précieux ou d'une autre marchandise quelconque, mais du degré d'adaptation de la planète aux besoins des hommes. Depuis 1648 la guerre a coûté, aux nations européennes seules, 400 milliards de francs (¹). On n'exagérera rien en décuplant au moins ce chiffre pour toute la période historique. La guerre a donc coûté 4000 milliards de francs au plus bas mot. Qu'est-ce que cela veut dire? Qu'un certain nombre de journées de travail, qui, évaluées en argent, représentent ce chiffre,

(¹) Voir nos *Gaspillages des sociétés modernes*, p. 165.

ont été employées par les hommes à s'entre-
tuer. Supposez ces efforts employés à la-
bourer la terre, à irriguer les champs, à
tisser des étoffes, à bâtir des maisons, à
établir des routes, à creuser des ports, etc.,
etc., n'est-il pas évident que la face du
monde serait aujourd'hui tout différente?
Notre bien-être serait au moins centuple de
ce qu'il est aujourd'hui, ou, en d'autres
termes, la somme de souffrance serait sensiblement moindre pour les malheureux
humains.

Heureusement il y a déjà un grand point
de gagné. Personne n'affirme aujourd'hui
que la guerre peut être une opération
lucrative. C'était autrefois une opinion uni-
versellement acceptée qu'elle procurait des
bénéfices matériels au vainqueur. Mais les

économistes ont lutté pendant deux siècles avec la plus indomptable énergie pour démontrer la fausseté de cette idée. Ils ont eu gain de cause. Même la phrase de M. de Molinari, citée plus haut, se rapporte au passé et non au présent. Le savant économiste belge se trompe; la guerre n'a jamais été lucrative, pas plus à l'âge du bronze qu'en l'an de grâce 1894. M. de Molinari commet donc une erreur de date, mais, pour le présent, nul n'a démontré d'une manière plus évidente combien la guerre est ruineuse, malgré les triomphes les plus brillants. Personne ne conteste plus ces vérités, même M. Valbert. Il se plaît à énumérer les désastres produits par l'esprit militaire. C'est précisément parce que les partisans de la guerre sont battus sur ce terrain qu'ils en cherchent un autre. Ils se rabattent sur la morale. Nous demandons vraiment ce qu'une tuerie féroce et sans pitié a de commun avec elle. Il paraît cependant que c'est le cas. M. Valbert nous l'affirme avec une assurance des plus méritoires. « Le moraliste est prêt à accorder tout cela (les pertes économiques), et cependant, quel que soit son respect pour les chiffres, il réserve son jugement. La question lui paraît complexe. Est-il prouvé que certains fléaux n'aient pas d'effets bienfaisants ? S'il ne tenait qu'à lui de supprimer la guerre, il hésiterait peut-être » (¹). Il hésiterait peut-être !... Cela y est en toutes lettres !

(¹) *Loc. cit.*, p. 695.

CHAPITRE VI

RÉSULTATS POLITIQUES

Un des bienfaits attribués à la guerre est d'avoir fondé ces grandes nations : l'Angleterre, la France, l'Allemagne qui sont de si brillants foyers de civilisation.

On disait au moyen âge que Dieu régissait le monde par l'intermédiaire des Francs, *Gesta Dei per Francos.* Nous pensons aujourd'hui, que sans les puissants États de l'Europe moderne, les sciences, les arts et les littératures n'auraient jamais pris leur magnifique développement. Supprimez, par hypothèse, la guerre dans le passé, que serait le monde ? Une poussière de petits États sans cohésion, sans force, sans élan, sans esprit de suite. Ce chaos informe serait la barbarie primitive dans toute sa laideur et toute son abjection.

Voilà une aberration plus colossale que toutes les autres! Elle est tellement folle et suppose une absence de logique si incommensurable qu'on est vraiment stupéfait de la voir durer plus d'un seul jour.

Et d'abord que signifie l'unité nationale, celle de la France, par exemple?

Elle signifie que 38 millions d'hommes, occupant 536 000 kilomètres carrés, ont trouvé un autre moyen de régler leurs différends que de se massacrer comme des bêtes féroces sur des champs de bataille. Aujourd'hui Paris, Lyon, Marseille, Bordeaux, Lille et Toulouse ne se font plus la guerre. Si elles se la faisaient demain, l'unité de la France cesserait d'exister immédiatement. Jusqu'en 1861, la Virginie, le Kentucky, l'Ohio et le Massachusetts vivaient en paix. Quand les sudistes ont levé l'étendard de la révolte, quand ils ont commencé les hostilités, l'Union américaine a été brisée. Elle est rétablie aujourd'hui, parce que les différends des 44 républiques qui s'étendent de l'Atlantique au Pacifique sont réglés par la haute cour de justice de Washington et non par des massacres sur les champs de bataille.

Les unités nationales s'établissent donc seulement à partir du jour où l'on supprime la guerre.

Très bien, dira-t-on; l'unité, une fois accomplie, implique un état de paix. Mais

la guerre n'a-t-elle pas été l'instrument de
sa formation? Jamais! Elle l'a toujours
empêchée, contrecarrée et retardée.

Il y avait de cinq à six cents États indépendants en Allemagne au xive siècle. Ils
se faisaient des guerres perpétuelles. Aussi
l'unité de ce pays avait complètement dis-
paru. Pour la constituer, il a fallu obliger
tous ces petits potentats, par la force des
armes, à se soumettre à un ordre juridique,
c'est-à-dire à vivre en paix. On attribue ce
bienfait à la guerre. Mais on ne fait pas
attention que c'est précisément parce que
ces petits potentats voulaient garder le
droit de la faire que l'unité de l'Allemagne
a été si longtemps irréalisable. Supposez
que, dès le xe siècle, les différentes fractions
de la race germanique n'eussent opposé

aucune résistance à l'établissement d'institutions communes réellement efficaces.
L'unité de l'Allemagne aurait pu commencer sous Henri l'Oiseleur, et elle aurait duré
jusqu'à nos jours. La guerre n'a donc pas
fait l'unité de l'Allemagne, elle a empêché
sa formation pendant près de neuf siècles.

Cela est vrai de toutes les autres sociétés.
« Aucun pays, dit M. Lacombe (¹), n'a eu,
au moyen âge, aussi peu de militarisme que
la nation anglaise. » Aussi son unité s'est
formée la première. L'unité de l'Allemagne
a été la plus tardive de toutes, parce que,
encore en 1866, les rois de Hanovre, de
Bavière et de Saxe voulaient être libres de
déclarer la guerre à leurs voisins quand bon
leur semblait.

(¹) *L'histoire considérée comme science*, p. 549.

Mais il y a aussi un autre côté de la question. Les Français du nord se sont emparés par violence du territoire de la nationalité languedocienne. Ils ont fini par l'assimiler. Les différents dialectes méridionaux sont tombés à l'état de patois populaires, et la langue d'oïl, devenue le français moderne, s'est élevée à la dignité de langue littéraire. L'unité française est donc composée de deux éléments. On pense qu'elle ne se serait jamais formée sans l'écrasement de l'élément méridional, et c'est pour cela qu'on attribue à la guerre la formation de l'unité française.

Ouvrons d'abord une parenthèse. Supposons que la nationalité languedocienne eût survécu. Où serait vraiment le mal? La civilisation européenne, source de nos prin-

cipales jouissances, ne provient pas de ce
que l'anglais est parlé aujourd'hui par
110 millions d'hommes, le russe par 80,
l'allemand par 60, le français par 45. Ces
proportions seraient autres que la civilisation européenne pourrait être plus brillante
ou moins brillante. Elle n'est pas constituée
par le rapport des langues parlées, mais
par la somme des connaissances scientifiques et des trésors artistiques accumulés
par notre groupe. L'Europe est partagée
aujourd'hui en dix-huit nationalités principales. Elle aurait pu être partagée en
quinze ou vingt-cinq que la civilisation
n'en serait nullement affectée. Si donc, au
lieu de cinq grandes nations latines, nous
en avions eu six, avec la languedocienne,
notre richesse, notre bien-être et notre

développement intellectuel n'en auraient
subi aucun dommage.

Mais les Français se trompent encore en
s'imaginant que la frontière linguistique
suit forcément la frontière politique. La
dynastie des Habsbourg constituait l'empire d'Autriche dès le commencement du
XVIᵉ siècle par l'acquisition de la Bohême
et de la Hongrie. Cependant, ni dans l'un
ni dans l'autre de ces pays on ne parle
maintenant l'allemand comme on parle le
français en Provence. L'assimilation nationale obéit à des facteurs particuliers. Elle
est un phénomène de l'ordre intellectuel qui
a ses lois spéciales. Ce n'est pas ici l'occasion
de les développer (¹) Nous nous contente-

(¹) Nous renvoyons le lecteur à notre *Politique internationale* et à nos *Luttes entre sociétés humaines.*

rons de dire qu'on peut répandre sa langue
et sa culture sans conquérir des territoires.
Martin Canal écrivit, en 1275, une histoire
de Venise en français, parce que cette langue, dit-il, « est mult délectable à lire et à
oïr ». Peu s'en est fallu que tout le nord de
l'Italie ne fît comme Canal. Le génie de
Dante, de Pétrarque et de Boccace assura
la prééminence à l'italien. La Toscane n'a
jamais étendu ses frontières au delà de ses
limites conventionnelles, cependant le tos-
can est devenu la langue littéraire de la
péninsule apennine. La Saxe, pareillement,
n'a jamais conquis l'Allemagne, cependant
son dialecte est devenu la langue littéraire
de ce grand pays. Par contre, les Turcs ont
assis leur domination sur la péninsule des
Balkans depuis le xive siècle, mais ils n'ont

pu imposer leur langue ni aux Serbes, ni aux Bulgares. Rien ne prouve donc que, même sans la conquête du midi, le français ne serait pas parlé aujourd'hui à Toulouse et à Marseille, comme il l'est à Bruxelles et à Genève, villes qui n'ont pas fait partie du domaine des Capétiens.

La conquête brutale ne produit pas toujours l'expansion linguistique. Même à ce point de vue, la guerre n'est d'aucune utilité. Ce n'est pas aux massacres sur les champs de bataille que nous devons l'existence de ces glorieuses personnalités historiques qui s'appellent l'Angleterre, l'Allemagne, la France et l'Italie. C'est à une pléiade de génies et de talents de tous genres : aux Dante, aux Shakespeare, aux Descartes, aux Gœthe, etc., etc.

Ainsi, non seulement la guerre n'a pas formé les grandes unités nationales, mais, au contraire, elle a retardé de plusieurs siècles leur organisation politique.

Mais nous appelons l'attention des partisans routiniers de la violence brutale sur un autre fait d'une importance infiniment plus grande. Supprimez la guerre, et l'unité du genre humain tout entier est réalisée immédiatement. Cette unité n'existe pas aujourd'hui parce que l'Allemagne, la France, la Russie et les autres États veulent rester libres de déclarer la guerre quand bon leur semble, comme le voulaient naguère la Saxe, la Bavière et le Hanovre, au sein de la nation germanique. Que les États souverains renoncent à cette liberté, qu'ils trouvent moyen de régler leurs différends autrement que par des massacres, qu'ils suppriment la guerre, en un mot, et l'unité du genre humain est accomplie.

On le voit, la guerre a empêché pendant de longs siècles les grandes unités nationales ; elle empêchera pendant d'autres siècles l'unité du genre humain. Par conséquent, au point de vue politique, comme à tous les autres, elle fait du mal et aucun bien.

On a vu, au chapitre précédent, que les guerres ont dû coûter à l'Europe 4000 milliards de francs, au plus bas mot. Cela représente probablement un nombre de journées de travail sensiblement semblable. Tous ces prodigieux efforts ont eu pour but de donner à notre continent les divisions politiques actuellement existantes, c'est-à-dire 24 États indépendants, une France de 556000 kilomètres carrés, une Allemagne de 540000 kilomètres carrés, une Serbie de 48000, etc., etc. Eh bien! tous ces efforts ont été aussi complètement perdus que s'ils avaient été employés à rouler le rocher de Sisyphe ou à remplir le tonneau des Danaïdes. Le bien-être des hommes n'est pas en fonction des divisions politiques. Que l'Europe soit partagée en dix États ou en cinquante, elle ne sera pour cela ni plus civilisée, ni plus barbare. La jouissance provient de la richesse et, à son tour, celle-ci n'est autre chose que l'adaptation de la planète à nos besoins. Les hommes resteront pauvres, donc ils éprouveront de nombreuses souffrances, aussi longtemps qu'ils emploieront la majeure partie de leurs

efforts à une tâche entièrement métaphysique. L'idée que notre bonheur est en raison
directe du nombre des kilomètres carrés de
notre État est une pure abstraction. Mais
notre bonheur dépend certainement de la
sécurité internationale dont nous pouvons
jouir. On s'imagine que plus l'État sera
grand, plus il sera puissant et plus il pourra
donner de sécurité. Cela serait juste si, pendant que notre État s'accroît, les autres res-
taient stationnaires. Mais ce n'est pas le cas.
Ils s'accroissent aussi. Alors les risques aug-
mentent au lieu de diminuer, parce que le
choc de deux colosses comme la France et
l'Allemagne cause certes plus de désastres
et de massacres que le choc de deux États
minuscules. La sécurité n'augmente donc
pas en raison directe des kilomètres carrés,

et les prodigieux efforts employés depuis des siècles pour agrandir les États, les 4000 milliards de journées de travail consacrées à cet effet sont entièrement et complètement perdus. La sécurité ne sera jamais obtenue par la guerre, elle ne sera obtenue que par sa suppression.

———————

CHAPITRE VII

RÉSULTATS INTELLECTUELS

« Si les philanthropes réussissaient à supprimer la guerre, ils rendraient, avec les meilleures intentions du monde, un fâcheux service au genre humain ; ils ne travailleraient point à l'ennoblissement de notre espèce ; une paix qui ne finirait pas, plongerait les peuples dans une dangereuse léthargie. » Ainsi s'exprime M. Valbert. M. Melchior de Vogüé dit de son côté : « La certitude de la paix (je ne dis pas la paix), engendrerait, avant un demi-siècle, une cor-

(¹) Loc. cit., p. 692,

ruption et une décadence plus destructives de l'homme que la pire des guerres. » Nous avons trouvé cette phrase dans l'*Almanach Hachette* de 1894, sous la rubrique « Notre avenir ». Ce fait est des plus remarquables. Les éditeurs disent dans leur préface qu'ils ont voulu réaliser l'almanach de tout le monde ; ils espèrent que ce livre sera assez utile pour devenir indispensable. Ils désirent lui donner le caractère d'une pétite encyclopédie populaire. Aussi a-t-il été tiré à un très grand nombre d'exemplaires. Si les éditeurs de cet almanach ont cité la phrase de M. de Vogüé, c'est qu'ils la considèrent comme une de ces vérités qu'on ne saurait assez répandre parmi le peuple. Par le fait de sa publication dans cet almanach, elle acquiert une grande importance pour nous.

Il ne faut pas se payer de mots, mais examiner les faits. Voyons s'ils confirment l'opinion que la guerre favorise le développement de l'intelligence humaine et empêche la léthargie mentale,

Les hommes ont toujours essayé d'améliorer leur sort. Ils ont pratiqué l'agriculture pour n'avoir pas faim, bâti des maisons pour n'avoir pas froid, bref, ils ont essayé d'adapter constamment le milieu à leurs besoins. Quand un certain nombre d'individus ont été débarrassés du souci constant du pain quotidien, ils se sont adonnés aux arts et aux lettres, aux sciences et à la philosophie. On passe par une pente naturelle de la production économique à la production mentale, c'est-à-dire à la civilisation. Cette évolution suppose une assez grande dose

7.

de sécurité, car, si l'homme était constamment pillé par son voisin, la richesse n'aurait pas pu s'accumuler et les besoins intellectuels se produire. Grâce à certaines circonstances fortuites, il est arrivé que certains pays ont joui d'une sécurité suffisante pendant des périodes assez longues. Alors la civilisation a progressé et, par endroits, elle a formé de brillants foyers. Mais tous les peuples n'ont pas marché d'un pas égal. Pendant que les uns faisaient de grands progrès dans les connaissances techniques, les lettres, les arts et les sciences, d'autres vivaient dans la sauvagerie ou dans la barbarie. Ces derniers, brûlant de convoitise à la vue des jouissances des peuples civilisés, se sont souvent jetés sur eux et les ont massacrés jusqu'au dernier homme. Ces faits se sont répétés un grand nombre de fois dans l'ancien continent et dans le nouveau. On trouve en Amérique dans des régions, occupées maintenant par des Peaux-Rouges complètement sauvages, des restes de monuments qui démontrent qu'un peuple civilisé a vécu autrefois dans ces pays.

S'il n'y avait pas eu de guerre, il est clair que ces événements ne se seraient jamais produits. Comment le massacre périodique des plus cultivés et des plus instruits par les plus sauvages et les plus ignorants peut-il favoriser le développement de l'intelligence humaine? c'est ce qu'il est absolument impossible de comprendre? Pourquoi devait-il y avoir plus de lumières en Europe après qu'un stupide soldat romain a massacré

Archimède, qu'il n'y en avait avant? Que messieurs les partisans des tueries nous répondent. En réalité, la civilisation humaine s'est faite non pas grâce à la guerre, mais malgré elle.

Réduisez la guerre à sa plus simple expression. X. et Z. discutent. X. ne parvient pas à convaincre Z.; il se met en colère, tombe sur Z. et le tue. Le recours au massacre est forcément une réaction de la brute contre l'intelligence, et dans toutes les guerres il en est et il en sera ainsi. Des barbares voient la vie d'un peuple civilisé. Ils désirent avoir les mêmes avantages. Le procédé intellectuel serait de les acquérir en produisant de la richesse et en s'instruisant. Le procédé brutal consiste à pratiquer la spoliation violente, c'est-à-dire la guerre.

Au moment où elle éclate, au lieu de deux groupes, travaillant à acquérir une civilisation supérieure, il n'en reste plus qu'un seul poursuivant cette fin. Donc, à partir du moment où commencent les hostilités, la somme d'intelligence diminue dans l'humanité.

La guerre a toujours été une sélection à rebours. Elle a eu pour tendance de détruire les sociétés plus spécialement adonnées aux travaux de l'esprit. Comme le vent du pôle, elle a fané quelques-unes des fleurs les plus délicates et les plus parfumées de l'espèce humaine : Athènes, Florence. Ces centres merveilleux ont péri sous les coups d'une soldatesque abjecte et brutale. Voilà comment la guerre développe l'intelligence humaine !

« Il semblerait, dit M. E. Perrier ([1]), qu'après Aristote la science, mise par lui dans la voie véritable, n'avait plus qu'à marcher. On voudrait voir un merveilleux épanouissement scientifique suivre l'apparition de ce grand homme. Malheureusement les divisions politiques, les guerres, les invasions ne permirent pas de continuer en Orient l'œuvre commencée ». Il en a été ainsi partout et à toutes les époques. Les guerres de la Révolution et de l'Empire causèrent un temps d'arrêt considérable au développement intellectuel de l'Europe. L'élan donné par les encyclopédistes fut enrayé. Il fallut la paix pour reprendre la marche en avant.

([1]) *Philosophie zoologique*, Paris, Alcan, 1884, p. 17.

Si la guerre favorisait l'activité de l'esprit, les peuples les plus belliqueux auraient eu l'esprit scientifique le plus avancé. L'histoire est là pour nous démontrer que c'est précisément le contraire.

Ainsi la guerre est une sélection à rebours; elle n'a jamais favorisé le développement intellectuel de l'humanité. Elle n'a pas empêché non plus la léthargie mentale; au contraire, elle l'a toujours augmentée.

Au xvi° siècle, les Flamands embrassèrent le protestantisme. Les Espagnols trouvèrent cela abominable. Supposez qu'ils eussent lancé une nuée de prédicateurs sur la Belgique pour ramener les brebis égarées. Quelle activité, quelle ébullition intellectuelle se serait produite dans ce pays! Les Espagnols auraient prêché dans les églises,

ils auraient tenu des conférences, des col-
loques, de grandes assemblées populaires.
Ils auraient publié d'innombrables écrits.
Les Flamands auraient fait de même. Alors
la discussion aurait aiguisé les esprits. Ou
les Espagnols auraient pu convaincre les
Flamands de la fausseté du protestantisme,
où ils se seraient ralliés eux-mêmes aux
idées nouvelles. Les deux cas se seraient
produits sans doute et les discussions théo-
logiques auraient tenu ce peuple en haleine
pendant de longues années. L'étude d'une
science entraîne la connaissance des autres.
Pour trouver des arguments en faveur ou
contre le catholicisme, on aurait fait de profondes investigations historiques et philo-
sophiques. Bref, un grand épanouissement
intellectuel se serait produit aux Pays-Bas,

une immense activité intellectuelle y aurait
régné.

Mais Philippe II ne songea pas un seul
instant aux moyens de persuasion. Dans un
différend de l'ordre mental il ne voulut pas
employer des procédés intellectuels. Il
envoya des troupes et fit la guerre. Grâce à
la défection de la noblesse wallonne, les
vieilles bandes espagnoles battirent les
Flamands en rase campagne. Puis arriva
le duc d'Albe. Il massacra, pendit, tor-
tura et exila des milliers de personnes.
Alors la terreur plana sur ces malheu-
reuses provinces. Une lugubre léthargie
mentale s'étendit sur tout le pays. Les généreuses Flandres s'endormirent d'un som-
meil si lourd qu'elles parviennent à peine
à le secouer même de notre temps. Voilà

comment la guerre empêche les peuples de
tomber « dans une dangereuse léthargie ! »
Les apologistes des massacres doivent être
contents de cette démonstration. On le sait,
hélas ! ce qui s'est passé aux Pays-Bas au
XVIᵉ siècle, s'est répété dans mille autres
endroits.

De nos jours, la guerre est aussi une des
causes les plus puissantes de la stagnation
mentale.

En effet, plus la guerre devient coûteuse,
plus il faut des unités politiques considérables pour en soutenir les dépenses. Aux
jours où nous sommes, un État ayant moins
de 30 à 40 millions d'habitants ne vit plus
que par la tolérance et la rivalité de ses
voisins plus puissants. Un pays ne peut
avoir une politique vraiment indépen-

dante à moins d'un budget de 2 milliards
de francs. Or il faut beaucoup de contri-
buables pour acquitter tous les ans cette
somme colossale. Force nous est donc faite
de nous agglomérer en grands États de
500 000 kilomètres carrés au moins. Qu'ar-
rive-t-il alors? Une vaste capitale attire
toutes les forces vives d'une nation. Elle
devient une tête monstrueuse et dispro-
portionnée. Le reste du pays est exsangue.
La province! Ce mot seul évoque l'idée
d'un ennui insupportable, d'une torpeur
qui ressemble à la vie végétative. Un savant français se plaignait dernièrement
de ne pas pouvoir vivre même dans les plus
grandes villes de province. Elles ne lui
offraient aucune des ressources indispen-
sables à l'étude de sa spécialité. Il en est de

même dans beaucoup d'autres pays. Or,
c'est la guerre qui nous vaut cette adorable
léthargie. Sans elle les grands États lévia-
thans eussent été inutiles. Aussi longtemps
que l'Italie et l'Allemagne étaient divisées
en petites souverainetés, elles étaient le
jouet de leurs puissantes voisines : la France,
l'Autriche, la Russie. Ces pays ont dû suivre
le courant; ils se sont unifiés. Sans les
guerres le développement de l'humanité eût
été tout autre. Par cela seul qu'une société
parle la même langue et possède la même
culture, elle a des intérêts généraux. Sans
la guerre il se serait formé des fédérations
de petits États, où se serait établie une
savante et harmonieuse pondération entre
les institutions communes et l'autonomie
locale. Mais la guerre vint tout troubler. Il

arriva deux choses : ou bien les petits potentats ne consentirent pas à abandonner
le droit de déclarer les hostilités, alors
l'unité nationale ne se réalisa pas, ou bien
le péril extérieur et le pouvoir royal poussè-
rent à établir une centralisation qui anéantit
toute trace de vie dans les centres secon-
daires. La léthargie fut en raison directe de
l'insécurité internationale.

De plus, quand l'armée devient l'organe
principal d'une nation, elle absorbe natu-
rellement le plus de sucs nourriciers. Com-
parez le budget de l'armée à celui de
l'instruction publique. En France, la pro-
portion est 890 millions et 227 millions,
en Russie 736 et 58 millions. La paix armée
coûte aujourd'hui dix milliards de francs
par an aux Européens. Délivrez-les de cette

8.

charge et ils pourront sans aucun doute
consacrer une bien plus forte somme au
développement de leur intelligence.

Les batailles continuelles devaient certainement engendrer la haine entre les
combattants. L'étranger étant toujours celui
qui nous faisait du mal, était traité avec
hostilité. On lui refusait la protection et les
droits civils. Cet état de chose empêchait
les hommes, dans une très forte mesure, de
vivre hors de leur patrie. La guerre opposa
donc les plus puissants obstacles au mélange
des populations. Or, comme on le sait, les
croisements sont un des facteurs les plus
puissants de l'amélioration des races et la
diffusion des idées un des principaux obstacles à la stagnation intellectuelle. Comme
la guerre empêchait les migrations dans

une très forte mesure, elle a contribué, encore de ce côté, à retarder les progrès de l'humanité.

En résumé la guerre est une sélection à rebours qui détruit les plus cultivés et laisse vivre les plus barbares; elle a toujours ralenti les progrès de l'intelligence; actuellement elle augmente la stagnation mentale. On ne voit donc pas comment elle peut « ennoblir notre espèce en l'empêchant de tomber dans une dangereuse léthargie ».

CHAPITRE VIII

RÉSULTATS MORAUX

Les apologistes de la guerre prônent ses bienfaits moraux plus que tous les autres.

« La paix engendrerait la corruption », dit M. de Vogüé. Mais M. Valbert est bien plus explicite : « Dans la paix l'homme s'appartient, il ne connaît plus d'autre règle que son intérêt personnel, il n'a plus d'autre occupation que de chercher son bien. La plus grande des vertus est l'abnégation et l'esprit de sacrifice, et c'est dans les armées en campagne que cette vertu se pratique; ce ne sont pas seulement les individus que la guerre ennoblit, mais les nations entières » (¹).

On ne peut soutenir des erreurs aussi manifestes que grâce à l'aberration uni-latérale. Plaçons-nous au point de vue de l'assaillant. En effet, c'est lui qu'il faut considérer, en premier lieu, puisque sans attaque il n'y a pas nécessité de défense.

(¹) *Loc. cit.*, p. 696. On comprend parfaitement le motif qui dicte ces paroles. Il y a des individus en France qui par épicurisme renonceraient parfaitement à l'Alsace-Lorraine. Ils disent : « Pourvu que nous ayons un bon dîner et des plaisirs de toute espèce, le reste importe peu ». Tous ces dithyrambes à la guerre sont pour réagir contre ces tendances. Nous sommes complètement de l'avis de M. Valbert. Si ces lâches courants triomphaient, si la France renonçait à l'Alsace-Lorraine, elle aurait bientôt le sort de la Pologne. Les Français (et tous les autres peuples) doivent revendiquer leurs droits jusqu'à la dernière goutte de leur sang. Aussi tout ce que nous écrivons ici ne s'adresse pas à ceux qui défendent leurs droits, mais à ceux qui violent ceux des autres ; dans ce cas spécial, non pas à la France, mais à la Prusse.

Dès que l'on se met sur ce terrain la fausseté des propositions de M. Valbert devient immédiatement manifeste.

Dites à une nation : « Armez-vous jusqu'aux dents. Envahissez le territoire de vos voisins pacifiques ; massacrez-en un bon nombre sur les champs de bataille ; puis, après avoir obtenu la victoire, pillez leurs propriétés mobilières, faites-leur payer de lourds tributs, confisquez leurs terres, emparez-vous du produit des impôts, vivez en parasites sur leur travail. Si les vaincus parlent une langue différente de la vôtre, contrecarrez leur développement intellectuel par le despotisme le plus violent. Si vos nouveaux sujets professent une religion différente de la vôtre, pratiquez l'intolérance ; privez les hétérodoxes des

droits civils et politiques, infligez-leur les
plus dures vexations, expulsez-les en masse.
Alors on verra toutes les vertus fleurir et se
développer parmi vous : l'abnégation et
l'esprit de sacrifice. Vous serez régénérés
et ennoblis! »

Qui osera soutenir une proposition aussi
paradoxale? La guerre a pour conséquences
toutes les actions que nous venons d'énumérer. Comment le brigandage, le para-
sitisme, l'intolérance et le despotisme peu-
vent-ils ennoblir les sociétés; comment
la pratique de tous ces crimes peut-elle
développer toutes les vertus, c'est ce qu'il
nous est absolument impossible de comprendre.

Abandonnons la métaphysique et le raisonnement *a priori*. Pratiquons la méthode

d'observation dans les phénomènes sociaux, comme on la pratique, depuis tant d'années, dans les phénomènes physiques. Si la guerre ennoblit, les nations les plus belliqueuses doivent être les plus morales, les nations pacifiques les plus corrompues. Est-ce que les faits confirment cette proposition? Nulle part et jamais. De 1494 à 1559 des guerres presque continuelles ensanglantèrent l'Italie. A-t-on vu pour cela toutes les vertus fleurir dans ce pays? Au contraire, la corruption des mœurs et le débordement des appétits les plus effrénés y devint plus épouvantable que jamais. C'est alors qu'on vit des monstres comme le pape Alexandre VI et son digne fils César Borgia. Ces guerres et l'anarchie épouvantable qui en fut la suite abaissèrent à tel point le

caractère italien qu'il a fallu plus de deux siècles pour faire réapparaître un peu de dignité, de grandeur d'âme et d'amour de la patrie. Voilà comment la guerre ennoblit les nations! A l'autre bout de l'ancien continent, les mêmes causes produisirent les mêmes effets. L'Inde présentait au xviii° siècle un état de choses analogue à celui de l'Italie au xvi° siècle. La presqu'île du Gange était partagée en une série de dominations dont les chefs n'avaient d'autre souci que d'accroître leur territoire. L'anarchie était complète, les guerres perpétuelles, les pillages militaires une industrie organisée. Selon M. Valbert, l'Inde aurait dû présenter alors le spectacle de toutes les vertus. Hélas! ne lui en déplaise, elle était, au contraire, la sentine de tous les vices.

Cette société était si corrompue par les guerres continuelles, qu'après cent ans d'administration anglaise, sage et réparatrice, c'est à peine si quelques individus sur 287 millions d'hommes ont aujourd'hui le sentiment de l'honneur et de la loyauté. On pourrait multiplier ces exemples? Ce qui s'est passé dans l'Inde s'est vu aussi dans d'autres pays dans des circonstances analogues.

Maintenant la contre-épreuve. Il y a quatre sociétés européennes qui ont complètement renoncé à faire des conquêtes sur notre continent : les Anglais, les Hollandais, les Belges et les Suisses. Ne songeant plus à faire des guerres offensives, ces sociétés sont entièrement pacifiques. Selon M. Valbert et ses adeptes, elles de-

vraient donc former la lie de l'humanité.
Eh bien! n'en déplaise à ces messieurs,
c'est justement le contraire. Les Suisses
offrent même une démonstration encore
plus complète. Au xvi° siècle aucune guerre
ne se faisait en Occident sans leur par-
ticipation. Ils étaient le peuple le plus
belliqueux de l'Europe. Chacun sait qu'ils
étaient aussi alors un des plus corrompus.

Passons maintenant à une autre proposition de M. Valbert. « La guerre donne
aux sociétés de salutaires enseignements.
Un grand moraliste allemand l'a définie
« une cure par le fer qui fortifie l'humanité », et par une générosité du sort, cette
cure est plus bienfaisante pour les vaincus
que pour les vainqueurs, qui, infatués de
leur gloire, s'imaginent facilement que

tout leur est permis et que tout leur est possible ».

Tout d'abord une observation. Encore ici M. Valbert tombe dans l'erreur du raisonnement unilatéral. C'est d'autant plus remarquable qu'il le signale lui-même.

Si une nation subit une défaite, une autre, forcément, doit remporter une victoire. Si la guerre régénère la première, elle corrompt la seconde. Le diable n'y perd donc rien. Sedan a obligé les Français « à se juger, à se voir tels qu'ils sont, à se reprocher leurs erreurs à se livrer à un examen de conscience qui prépare les pénitences utiles et les grands relèvements » (¹). Iéna a produit le même effet sur la Prusse.

(¹) *Loc. cit.*, p. 696.

9.

Mais par contre Iéna a pour résultat « d'infatuer » les Français et Sedan d'infatuer les Prussiens. Après 1806, nous avions une Prusse vertueuse et une France dégénérée, après 1871, nous avons une France vertueuse et une Prusse dégénérée. Où est le gain pour l'humanité?

Mais l'affirmation que la défaite régénère toujours les sociétés ne soutient pas non plus la critique (¹). L'empire byzantin atteint le point culminant de sa puissance sous Héraclius. Ce souverain fit une brillante campagne contre la Perse. Il pénétra jusque dans des pays où n'avaient jamais

(¹) Étrange raisonnement en vérité! A ce compte on devrait toujours désirer la défaite. On dit qu'après une fièvre typhoïde un homme se porte quelquefois mieux qu'auparavant. Est-ce une raison pour désirer la fièvre typhoïde? Elle régénère aussi; seulement on oublie qu'elle emporte souvent le malade.

mis le pied les légions de Crassus et de Trajan. Bientôt après apparurent les Arabes. Les Byzantins furent battus. Du coup ils perdirent la moitié de leur empire : toute la Syrie et l'Afrique. Depuis cette époque jusqu'à la prise de Constantinople par Mahomet II, le bilan des guerres byzantines se solde en déficit. Les Grecs du Bas-Empire subissent d'épouvantables défaites. Cette société s'est-elle relevée pour cela? S'est-elle donné une meilleure organisation? A-t-elle fait de ces examens de conscience « qui préparent les pénitences utiles et les grands relèvements »? Nous ne le voyons guère, puisque l'empire Byzantin a péri.

La même chose peut se dire des Turcs. Depuis Jean Sobieski jusqu'à nos jours ils ont reçu les leçons les plus sévères. Le

nombre des batailles où ils ont été battus
à plate couture peut se compter difficile-
ment. Cependant l'organisation de l'empire
turc est aussi mauvaise de nos jours qu'elle
l'était au xvııe siècle; plus mauvaise
même sous beaucoup de rapports. Où sont
donc « les grands relèvements? » Enfin le
gouvernement de Louis XV a-t-il été meilleur après Rosbach qu'avant cette bataille?
Qui osera l'affirmer?

La vérité est que certaines nations se
relèvent après une défaite comme d'autres continuent à faire des progrès après
une victoire. Cela dépend de causes extrêmement nombreuses et complexes qu'il est
impossible d'examiner dans ce court travail. La défaite peut être quelquefois un
facteur de progrès, mais c'est raisonner

d'une façon bien simpliste et bien superfi-
cielle que d'attribuer à la guerre seule le
relèvement des nations.

Les apologistes des massacres oublient
encore un fait très important : il n'y a pas
que des défaites partielles, il y en a aussi
de totales. En 1856, la Russie perdit la dix-
huit-cent-quarantième partie de son territoire; en 1871, la France, la trente-hui-
tième. Ces blessures étaient tolérables. La
régénération fut possible. Mais la nationalité grecque passa tout entière sous le joug
ottoman, l'irlandaise sous le joug anglo-
saxon. La Pologne entière fut partagée entre
ses trois voisins. Or, on l'a constaté depuis
longtemps, la servitude politique développe
les plus grands défauts chez les peuples
vaincus : l'hypocrisie, la ruse, le mensonge,

la bassesse de caractère. Les Bengalais, dont nous parlions plus haut, ont été complètement corrompus par les invasions successives de leur pays. Si l'on peut inscrire à l'actif de la guerre le relèvement de quelques nations, il faut inscrire à son passif la complète démoralisation de beaucoup d'autres. Le bilan se solde certainement en perte. L'élévation de sentiments dans l'humanité est égal à une somme x dont il faut déduire l'abaissement produit par les violences et les tyrannies, c'est-à-dire par la guerre. La soustraction est formidable.

Après une conquête, la sélection à rebours continue à s'opérer avec un redoublement d'énergie. M. Vaccaro le remarque très judicieusement : « Le vainqueur, pour

s'assurer de l'obéissance des vaincus, poursuit, maltraite et fait même mourir les
plus indomptables, les plus forts, les plus
courageux. Il conserve, au contraire, les
plus lâches, les plus faibles, les plus obéis-
sants. Comme ces derniers se reproduisent
à l'exclusion des autres, les sentiments de
bassesse et de servilisme se fixent dans l'espèce[1] ».

Signalons ici une inconséquence dont
les prétendues nations civilisées sont, hélas!
bien coutumières. Les vaincus sont méprisés à cause de leurs vices, et parce qu'ils
sont méprisés ils finissent par être haïs.
Les Russes professent un profond dédain à
l'égard des Polonais, tous les chrétiens font

---

(1) *La lutte pour l'existence dans l'humanité.* Paris, Che-
valier-Maresq, 1892, p. 51.

de même à l'égard des malheureux Israé-
lites. Il y avait cependant un moyen si
simple de ne pas les avilir! Respecter l'indépendance des uns et ne pas refuser des
droits civils et politiques aux autres. Mais
non, depuis dix-huit siècles nous avons
maltraité les Juifs de la façon la plus barbare. Ils se sont avilis.... Nous les haïssons
pour cela au lieu de nous haïr nous-mêmes !
Quelle admirable logique! En vouloir aux
victimes et non aux bourreaux, aux corrompus et non aux corrupteurs!

Depuis le Bouddha jusqu'à nos jours, on
a beaucoup prêché la morale par la parole
et par le livre. Mais les préceptes ont toujours été formulés à l'actif, s'il est permis
de s'exprimer ainsi : Ne tue pas, ne vole
pas, ne sois pas adultère, etc., etc. Les

moralistes ont toujours en vue l'homme qui commet une action, non celui qui la subit. Rien n'est plus logique, puisque la conduite du second est conditionnée par celle du premier. Mais dès qu'on parle de relations internationales, le bon sens disparaît comme par enchantement. La guerre est un assassinat collectif ; cependant on la couvre d'éloges et on lui attribue des vertus admirables uniquement parce que, grâce à une aberration vraiment incompréhensible, on a seulement en vue les nations qui subissent les attaques et non celles qui les commettent. Nous concédons volontiers aux apologistes de la guerre que défendre ses droits au péril de sa vie ou même sacrifier complètement sa vie pour les soutenir, est l'action la plus admirable qu'on puisse

10

imaginer. Tant qu'il restera un peu de souffle dans nos poitrines, nos plus ardentes sympathies seront pour ces nobles victimes qui ont préféré la mort à l'ignominie. Oui, la guerre pourrait moraliser; mais à une seule condition : si l'on pouvait se défendre sans être attaqué.

Un autre argument : Si les huit mille guerres de la période historique n'ont pas pu nous moraliser, quelle chance que la huit mille et unième opérera ce résultat?

A notre tour maintenant de prendre à partie les apologistes des batailles. Pourront-ils contester que les massacres engendrent des haines internationales et que ces haines produisent les maux les plus funestes? N'opposent-elles pas les plus grands obstacles au mélange des populations et à

la diffusion des idées? Ne sont-elles pas la
cause la plus active de l'abâtardissement
de notre espèce et de la stagnation mentale? N'est-ce pas la guerre qui a fait de
l'Europe un camp retranché et une mine
de dynamite? N'est-ce pas elle qui nous a
plongés dans la sombre situation où nous
sommes aujourd'hui? « Trop de fiel s'est
accumulé entre les nations européennes,
dit la *Gazette de Moscou*, pour qu'on puisse
songer au désarmement. »

Cette manière de raisonner est vraiment
remarquable! Selon le publiciste moscovite,
le désarmement est impossible parce qu'une
nouvelle guerre est inévitable. Elle sera
la plus cruelle que l'histoire ait jamais en-
registrée dans ses annales . choc horrible
de douze millions d'hommes, munis des

engins de destruction les plus perfection-
nés. Les victimes seront innombrables.
Pour peu que la campagne dure seulement
quelques mois, c'est par centaines de milliers qu'il faudra les compter sans doute.

Mais si épouvantables que soient les
tueries, il y aura des vainqueurs et des
vaincus. Ces derniers garderont la rage au
cœur. Le journaliste de Moscou pense-t-il
sérieusement qu'après la hideuse boucherie
de la future guerre les passions s'apaise-
ront pour toujours par un miracle incompréhensible? Non, elles seront plus vives
que jamais. Après chaque défaite les haines
deviennent plus âpres et plus fortes. Les
Allemands n'ont pas oublié l'incendie du
Palatinat. Que signifie donc la phrase : « Le
fiel accumulé aujourd'hui est trop grand

pour permettre le désarmement ». Mais il s'en accumulera dix fois plus après une nouvelle guerre, plus cruelle que les précédentes. Quel avenir rêvent donc les conservateurs? Des carnages sans pitié et sans fin? Et c'est sur eux qu'ils comptent pour régénérer la race humaine et pour la moraliser? Autant vaudrait compter sur le pétrole pour éteindre un incendie!

En résumé, la guerre, appel à la force brutale, est toujours une dégradation, une descente dans l'animalité qui démoralise les vainqueurs autant que les vaincus.

10.

CHAPITRE IX

SURVIVANCES, ROUTINES ET SOPHISMES

Il faut tuer un être vivant pour le manger. L'homme a donc dû faire la guerre aux plantes et aux animaux. Quand parfois ces sources d'alimentation lui ont fait défaut, il s'est jeté sur son semblable et a pratiqué le cannibalisme. Il faut aussi tuer quelquefois pour ne pas être mangé soi-même ; l'homme a donc fait de longues guerres d'extermination contre les animaux auxquels il pouvait servir de gibier. Pendant la phase des luttes alimentaires, le massacre est indispensable puisqu'il est le but même du combat! Or la phase des luttes alimentaires a duré des centaines de milliers d'années. L'homme s'est habitué à considérer la tuerie comme l'unique procédé de combat.

Plus tard, quand les subsistances sont devenues abondantes (grâce à l'élève du bétail et à l'agriculture), l'homme a convoité d'autres biens. De là des guerres économiques et politiques : les razzias, les tributs permanents, les conquêtes. Comme depuis un temps immémorial, l'homme était habitué à se procurer la nourriture par la guerre, il a pensé aussi que c'était le procédé le plus rapide et le plus efficace pour accroître sa richesse. Un jour vint où apparurent les besoins de l'ordre mental. Comme tous les hommes ne pouvaient pas penser la même chose, des conflits d'opinion se produisirent entre eux. Ici, encore, par suite d'une habitude acquise, on s'imagina que le massacre était le meilleur moyen de conversion.

Nous ne partageons plus les erreurs de nos grossiers ancêtres. Nous savons que la guerre n'enrichit pas les vainqueurs ; nous savons qu'on ne peut pas agir sur le for intérieur d'un individu par des moyens matériels, que pour combattre une opinion il faut lui opposer une autre opinion. Nous savons tout cela, mais hélas! les anciennes idées, incrustées dans nos cerveaux depuis de longues générations, ne sont pas faciles à déraciner. L'inefficacité de la guerre pour résoudre les questions économiques, politiques et intellectuelles est évidente; mais nous persévérons dans nos anciens errements et nous continuons à employer ce procédé par traditionnalisme.

En réalité les peuples civilisés se font la guerre aujourd'hui uniquement parce que leurs ancêtres sauvages se la sont faite autrefois. Il n'y a pas d'autre raison. C'est un simple atavisme, une survivance, une routine. On ne veut pas abandonner les habitudes anciennes par simple paresse d'esprit. Alors on échafaude théorie sur théorie et système sur système pour justifier la guerre parce qu'on se révolte à l'idée de la faire sans aucun motif.

Il en est de la guerre comme des langues classiques. Le latin était autrefois l'idiome littéraire et scientifique de l'Europe. On l'apprenait pour la même raison qu'un Celte de la Bretagne apprend aujourd'hui

le français. La littérature grecque contenait
une mine de jouissances esthétiques et de
connaissances scientifiques. On étudiait le
grec au xvᵉ siècle pour la même raison
qu'un Russe apprend aujourd'hui le français. Tout cela est fini..., mais les routines
sont restées. Répugnant à changer nos
vieilles méthodes d'instruction, nous avons
essayé de les justifier par les sophismes les
plus extraordinaires. Ainsi on a découvert
un beau matin que l'étude du grec et du
latin était une gymnastique pour l'esprit,
qu'elle développait la logique, qu'elle était
un puissant instrument de culture. En un
mot le grec et le latin étaient autrefois des
moyens; dès qu'ils cessèrent de remplir
cette fonction, on les éleva à la dignité de
buts.

De même pour la guerre. Les hommes l'ont faite pendant des siècles pour acquérir des richesses et des honneurs. Quand il devint évident qu'elle appauvrit les vainqueurs aussi bien que les vaincus, on lui attribua des vertus les unes plus admirables que les autres. Les sophismes se mirent à pleuvoir : la guerre moralisait les nations, les massacres empêchaient la stagnation mentale, etc, etc. Il est digne de remarque que tous ces bienfaits de la guerre ont été découverts après coup, précisément alors que l'opinion publique commençait à s'en détourner. C'est exactement la même chose que pour le latin. C'est quand son étude est devenue superflue qu'on a découvert ses vertus magiques.

Aussi, comme ces sophismes sonnent

creux, comme ils résistent peu à la critique!

La guerre est analogue au crime : une volition devenue passion, qui ne recule même pas devant le sacrifice de la vie de ses semblables. Si le crime est un mal, pourquoi la guerre serait-elle un bien ? L'assassinat est la guerre entre particuliers. Il est à craindre, hélas! qu'il ne disparaisse jamais. Mais personne ne le préconise, personne n'y découvre un moyen de moralisation. De même on ne recommande pas les guerres civiles, bien qu'elles soient inévitables, elles aussi. C'est seulement à l'égard de l'étranger que le massacre est productif de toutes les vertus. Mais ce mot d'étranger est absolument conventionnel. Au xive siècle, les habitants des 650 États de l'Alle-

magne se considéraient comme étrangers.
Un prince avait deux fils ; il partageait son
territoire entre eux. Les sujets de l'aîné
devenaient désormais des *étrangers* pour
ceux du cadet. Si le prince avait eu un
seul fils, les uns et les autres seraient restés
compatriotes. On ne voit vraiment pas com
ment l'assassinat collectif peut être rendu
bienfaisant par un pur hasard de succes-
sion. Autrefois les Allemands de l'Autriche,
les Tchèques et les Magyars se considéraient
comme étrangers. En 1526, Ferdinand Ier
fut élu roi de Bohème et de Hongrie, voilà
ces hommes devenus compatriotes. Aujour-
d'hui les Anglais et les Français sont étrangers. Il leur plairait demain de former une
union politique et, immédiatement, ils seraient compatriotes. Est-on étrangers parce

qu'on parle des langes différentes?. A ce
compte un Breton ne serait plus Français.
Il n'y a pas un seul grand État en Europe
où l'on ne parle plusieurs idiomes, prove-
nant parfois des souches linguistiques les
plus éloignées, comme le basque et l'espagnol, par exemple. Le basque n'est pas
même un idiome arien. Il y a plus d'affi-
nité entre le russe et l'espagnol qu'entre ce
dernier et le basque. Cet exemple prouve
qu'on peut parler des langues différentes
sans être obligés de se massacrer comme
des animaux féroces.

Nous le répétons, ce mot d'étranger est
purement conventionnel. Quand les apologistes de la guerre affirment qu'elle produit toutes les vertus parce qu'elle se fait
contre l'étranger, nous demandons qu'on

nous définisse tout d'abord ce mot d'une façon claire et catégorique.

Il en est de la guerre comme d'une autre aberration de l'esprit humain, le protectionnisme. Si les douanes accroissent la richesse, pourquoi ne pas les établir, par exemple, entre la Picardie et l'Artois, comme on les a établies entre l'Artois et la Belgique? De même si la guerre est bienfaisante, si « elle donne l'occasion aux hommes de faire preuve d'héroïsme, d'abnégation et de dévouement », pourquoi ne pas la faire aussi entre compatriotes? La guerre civile pourrait développer toutes ces vertus aussi bien que la guerre étrangère.

Considérons maintenant les sophismes des apologistes des massacres au point de vue strictement moral.

La folie, le crime et le vice existent, donc ils sont aussi « conformes à l'ordre de choses établi par Dieu », comme dit M. de Moltke. Personne ne s'en réjouit cependant, personne ne les honore et ne les couvre de bénédictions. On ne cherche pas à démontrer qu'ils entretiennent les vertus humaines. On cherche à les combattre, au contraire, par tous les moyens imaginables. X. ne parvient pas à convaincre Z. Il se jette sur lui et le tue. Nous tenons cet acte pour hideux tant qu'il est individuel; mais s'il était collectif, nous nous pâmerions d'admiration. En effet, quels enthousiasmes n'éveillent pas en nous les croisades des Espagnols contre les musulmans !

La guerre, disent ses apologistes, provoque l'héroïsme et les grands dévouements.

11.

On n'aperçoit pas, en raisonnant ainsi, que la nécessité de l'héroïsme comme celle de la charité est un fait profondément regrettable. Il aurait mille fois mieux valu que tous les hommes fussent riches et prévoyants et n'eussent jamais besoin de secours. Qui sera assez fou de recommander de ruiner chaque année quelques milliers d'individus afin que la sainte et grande charité ait l'occasion d'exercer son admirable ministère? A-t-on jamais recommandé de répandre des germes de choléra ou de diphtérie pour procurer aux médecins l'occasion de faire preuve de dévouement à l'humanité? Quel fou recommanderait de mettre le feu à quelques centaines de maisons tous les ans pour donner aux pompiers l'occasion de faire preuve d'héroïsme et

pour ne pas laisser cette vertu s'atrophier
parmi eux ?

Les gens compatissants qui se privent de
nombreuses jouissances pour secourir leurs
semblables, les sœurs de Charité, les médecins, les pompiers qui sauvent la vie des
autres en sacrifiant parfois leur propre
existence, sont dignes de notre plus vive
reconnaissance et de notre plus grande
admiration. Mais il faudrait souhaiter qu'ils
n'eussent jamais l'occasion d'exercer leur
ministère. Depuis de longues années on
fait tout pour pouvoir le rendre inutile.
Cet argument s'applique à la guerre d'une
façon absolue. Le soldat qui meurt pour
la patrie commet la plus admirable de
toutes les actions. Mais il faudrait souhaiter qu'il n'eût jamais l'occasion de l'accom=

plir. Prêcher la guerre pour lui procurer cette occasion est de la pure folie !

On a attribué à la guerre une autre vertu, celle d'empêcher la surpopulation. De tous les sophismes c'est un des plus renversants. Ainsi une femme mettra un enfant au monde; elle le nourrira de son lait, l'élèvera avec amour; on lui donnera une bonne éducation ; sa famille fera les plus grands sacrifices pour en payer les frais. A vingt et un an on choisira les plus beaux jeunes gens d'une génération et on les enverra à la boucherie pour empêcher la surpopulation ! N'est-ce pas de la vraie démence? S'il y a vraiment surpopulation, ne vaut-il pas mieux s'abstenir de faire des enfants que de tuer de cette façon barbare la fleur des générations?

Dernièrement, les anarchistes ont lancé des bombes dans plusieurs villes de l'Europe. Ils affirment qu'ils en veulent à notre société vermoulue et prétendent la régénérer par la dynamite. Ce qui a surtout indigné dans ces actes sauvages, c'est qu'on s'attaquait à des innocents. Eh bien, la guerre a toujours eu cet effet.

Napoléon III, ses satellites, son Corps législatif servile et bas pouvaient être la corruption même. D'après MM. Jähns, Valbert et consorts, Sedan a été un moyen de régénérer tout ce monde (¹). Mais hélas! combien de milliers de victimes sont tombées dans cette bataille qui étaient les plus braves gens de la terre! Des paysans travail-

_____

(¹) Il suffit de formuler une pareille proposition pour en faire sentir toute la fausseté.

lant du matin au soir, de bons pères de
famille aimant leurs enfants, économisant
leur dernier sou, préparant la véritable
grandeur de leur pays. La tourbe des courti-
sans, qui avait déchaîné toutes ces tueries,
ne souffrait aucun dommage, et après la
signature de la paix ils reprenaient leur vie
de dissipation et de plaisirs. Voilà comment
la guerre moralise les peuples : elle sacrifie les innocents et épargne les coupables.
Si messieurs les apologistes des massacres
trouvent ce moyen efficace, nous les en
félicitons très sincèrement !

Selon M. Valbert, s'il ne tenait qu'au
moraliste de supprimer la guerre, il hésiterait peut-être. Chose étrange ! pourquoi
ne dit-on pas cela des autres fléaux : la
peste, le choléra, les tremblements de

terre, les cyclones, les sécheresses, etc.? Il
n'y a pas un homme animé du bon sens le
plus vulgaire qui ne supprimerait tous ces
maux d'un seul coup, s'il le pouvait. La
guerre est privilégiée entre tous les fléaux.
Pendant qu'on maudit les autres, on la
bénit, on lui découvre des vertus. Quand
la nature détruit les hommes et les richesses, on considère cela comme un mal ;
quand les hommes se détruisent eux-mêmes
et s'appauvrissent avec acharnement, on
considère cela comme un bien! Le lecteur
dira peut-être que nous avons l'esprit ob-
tus. Mais nous nous déclarons absolument
incapable de comprendre cette manière
de voir. Il en est de la guerre comme du
protectionnisme : quand la cherté est naturelle, on la considère comme un mal et on

fait tout ce que l'on peut pour la combattre : routes, canaux, ports, chemins de fer, machines de tous genres ; mais quand la cherté est produite artificiellement par des tarifs de douane, on la considère comme un bien.

Explique qui veut cette singulière logique ; pour nous, nous y perdons notre latin. Dans la candeur de notre âme nous avons une manière très originale de considérer les fléaux de l'humanité. Nous pouvons adjurer la terre de ne pas trembler, les volcans de ne pas faire d'éruptions, les vents de ne pas emporter les nuages à la pluie fertilisante. Mais hélas ! à quoi bon ? La nature sourde et cruelle n'exauce pas nos vœux ! Aussi nous courbons la tête et nous supportons avec patience des fléaux

inévitables. Mais, quand ils sont produits
par des créatures douées de raison, qui
pourraient parfaitement ne pas nous les
infliger, la colère, l'indignation et la révolte nous montent au cœur ! Oui, certes,
la guerre mérite une place privilégiée
parmi les fléaux de l'humanité, mais une
place justement opposée à celle qu'on lui
assigne. Elle devrait être cent fois plus
exécrée que la sécheresse, la peste et la
phtisie, parce que le jour où nous voudrions
la supprimer, elle disparaîtrait immédiatement.

La loi civile punit l'excitation au meurtre. Ceux qui vantent les bienfaits de
la guerre excitent au meurtre. Sans doute
ils sont de bonne foi et nous ne demandons
pas que la loi les punisse. Mais l'opinion

publique devrait vouer ces hommes néfastes
à l'exécration et à la honte ; elle devrait
les clouer au pilori !

———

CHAPITRE X

LA PSYCHOLOGIE DE LA GUERRE

Le monde extérieur produit en nous des sensations qui se transforment dans nos centres nerveux en perceptions, en images, en idées, en sentiments, en volitions et en passions. Quand la phase de la volition est atteinte, il se produit généralement une action. Mais pendant quelque temps l'esprit est encore maître de lui-même, il choisit ses moyens, prend en considération les circonstances accessoires actuelles (par exemple l'intérêt de ses semblables) ou les circonstances à venir. Mais si la sensation externe est arrivée à la phase de la passion, elle l'emporte complètement, elle annule toute résistance. Alors l'homme, pour réaliser un but désiré, ne recule devant aucun moyen, pas même le sacrifice de ses semblables. Tuer est un acte individuel et collectif. Dans le premier cas il prend le nom d'assassinat, dans le second celui de guerre.

Un assassinat comporte trois moments : un désir, quel qu'il soit, la conviction qu'il peut être réalisé seulement par la mort d'un homme, l'accomplissement du meurtre.

Mêmes phases dans l'assassinat collectif : une convoitise allumée dans un groupe (désir d'acquérir des richesses, un territoire, des honneurs, etc., etc.), la conviction que le but désiré ne peut être atteint que par la bataille et enfin l'entrée en campagne.

Mais dans l'assassinat collectif les choses se compliquent d'une façon considérable. Chaque homme, à chaque instant, a des volitions particulières. Pour produire une action commune, elles doivent être coordonnées. Voilà pourquoi il faut de toute nécessité une initiative individuelle à l'origine de toute action collective. Un homme conçoit une entreprise de spoliation. Il cherche des compagnons pour l'aider. Il devient chef de bande et recrute des troupes pour une expédition militaire. Pendant une certaine phase sociale la guerre est toujours une affaire privée.

Mais d'où vient que le chef trouve des compagnons? Toute créature vivante a horreur de la mort. Comment des gens s'y exposent-ils de plein gré? Ici intervient un

12.

autre facteur : l'espoir. Chacun sait qu'il y
aura inévitablement des victimes, même
parmi les vainqueurs. Mais qui? On croit
toujours que ce seront les compagnons et
on s'enrôle sous la bannière du chef. En
un mot, on ne fait pas le sacrifice de sa vie,
mais on la risque en vue de certains avantages à obtenir. Si les volontaires étaient
sûrs d'être tous tués, comme des condamnés
à la guillotine, le nombre des guerres serait infiniment moins grand.

Quand les États modernes s'organisèrent
et quand les armées permanentes furent
établies, les guerres cessèrent d'être des
entreprises privées. Le droit de les déclarer
fut monopolisé par les gouvernements.

De profondes transformations s'opérèrent
alors dans le eu des intérêts. Les soldats,

qui s'enrôlaient de plein gré sous la bannière d'un chef, avaient conscience des avantages que cela leur rapportait. Ils les avaient
parfois stipulés d'avance. Mais, quand
les guerres furent monopolisées par les
chefs d'État, ces avantages cessèrent d'être
apparents (¹). Pour décider les hommes à
combattre il fallut employer un ensemble
de mesures complexes que le comte Tolstoï
qualifie très exactement d'hypnotisation des
masses populaires. Une série d'institutions :
l'église, l'école et beaucoup d'autres, sai-
sissent l'homme dès le berceau et lui im-
priment certaines idées particulières. On
lui fait accroire qu'il est de son intérêt

(¹) Parce qu'ils n'existèrent plus en réalité. Quelques
individus peuvent retirer des bénéfices d'une guerre,
mais des nations jamais. Voir à ce sujet nos *Gaspillages*,
chap. XIII.

d'être prêt à chaque instant à se jeter sur
ses semblables pour les massacrer. On lui
fait accroire que son bonheur est en raison
directe de l'étendue de l'État. Mais un des
moyens les plus efficaces pour entretenir
l'esprit militaire est de se représenter
comme étant toujours sur la défensive. Le
voisin seul est l'agresseur. Cette illusion a
pénétré toutes les nations.

Quelques exemples :

Dernièrement un auteur anonyme exposait de la façon la plus nette le point de vue
français dans un article de la *Revue des
Deux Mondes* du 1ᵉʳ février 1894 : *la paix
armée et ses conséquences.*

« L'Europe était heureuse en 1865, dit ce
publiciste. L'ère de la fraternité internationale semblait alors bien près de sonner.

On voyait le moment où tous les peuples de l'Europe allaient se vouer une affection inaltérable. C'était une véritable idylle (¹)! Mais M. de Bismarck parut! Il attaqua traîtreusement le Danemark, puis l'Autriche et enfin la France. Alors l'Europe devint un camp armé, une mine de dynamite. Adieu les beaux rêves d'amour! Adieu l'idylle! La Prusse dont « la guerre est l'industrie « nationale », voilà le grand trouble-fête, voilà le grand coupable! »

Passons le Rhin. Ici nous entendons un discours différent. « Nous autres Allemands, nous sommes le peuple le plus pacifique du

(¹) Un fait montrera combien ce tableau est imaginaire. Nombre de patriotes français rêvaient à cette époque la conquête des frontières du Rhin. L'Allemagne et la Belgique vivaient dans les transes continuelles. L'hégémonie de la France sous Napoléon III était aussi lourde que celle de la Prusse l'est aujourd'hui.

monde. Nous ne voulons prendre le territoire de personne (sauf l'Alsace-Lorraine,
cependant). S'il ne tenait qu'à nous, l'Europe serait plongée dans la paix la plus
profonde. Mais voilà, il y a le coq gaulois
et l'ours du nord. Ni l'un ni l'autre ne veulent rester tranquilles et nous sommes obligés d'armer tous les ans de nouveaux régi-
ments ». Il y a peu de mois un auteur
allemand montrait que la France était
l'éternel obstacle au désarmement. Il pro-
posait donc de la partager en plusieurs
États formant une fédération (¹). Alors
seulement notre malheureux continent
pourrait enfin respirer.

(¹) Cet ingénieux publiciste oublie seulement « d'éclai-
rér la lanterne », comme le singe de la fable. Il ne se
demande pas un seul instant si les Français consentent
à cette combinaison.

L'auteur d'une brochure récemment pu-
bliée en Allemagne (¹) se demande si la paix
est possible en Europe aussi longtemps
qu'il existera une Russie. Beaucoup d'Allemands affirment que pour avoir la paix, il
faut rejeter les Moscovites barbares dans les
steppes de la Sibérie (²).

Enfin, passons le Niémen. « Nous sommes
la douceur personnifiée, disent les Russes.
Mais le chemin de Constantinople passe par
Berlin. L'Allemagne nous empêche d'accomplir notre mission historique. Par
simple jalousie, elle contrecarre la réali-
sation de notre programme national, elle
porte atteinte à nos droits les plus sacrés.

(¹) *Was will das Volk? Weder Krieg noch Militarismus.*
(²) Pour arriver à ce résultat, il faudrait former une
fédération européenne sans la Russie. On doit recon-
naître que les Allemands ne prennent guère ce chemin.

C'est elle qui attaque, nous ne faisons que nous défendre. »

Ainsi, partout la même chose! Chaque nation s'imagine personnifier la vertu. Chaque nation, comme le veut M. Jähns, prétend faire seulement des guerres défensives!

Il est temps de dissiper ces néfastes erreurs. Les grandes nations européennes devraient faire un sévère examen de conscience. Elles s'apercevraient alors qu'elles sont toutes également violentes et également brutales (¹). La politique de chacune d'elles empêche le bonheur de millions de créatures humaines.

(¹) Sauf la France *actuellement*. En revendiquant un plébiscite en Alsace-Lorraine, les Français soutiennent seulement leur droit et n'attentent à celui de personne.

Non, le voisin n'est pas le seul agresseur. Nous le sommes autant que lui. Il n'est pas vrai que nous nous bornons à nous défendre. Non, nous violons les droits d'autrui autant que les autres violent nos droits, à nous.

Quand ces vérités auront pénétré dans les masses populaires, le militarisme aura vécu. De nos jours, en effet, la guerre ne peut rapporter d'avantages (et encore imaginaires) qu'à un très petit nombre d'individus. Si les masses consentent à la faire c'est qu'elles la croient seulement défensive. Dissipez cette illusion, personne ne voudra combattre.

Les peuples détestent les guerres. Il n'y a pas un homme sur dix mille qui ferait une campagne de plein gré, par plaisir. Et

13

il en a été toujours ainsi. Certes, les Romains peuvent être considérés comme une nation belliqueuse. Auguste ferma le premier le temple de Janus. Eh bien! déjà sous la ré-publique on accordait à titre de récompense la *vacatio militaris* (exemption du service). A partir de Marius on est obligé d'aban-donner le recrutement (*dilectus*) ; les riches refusaient de servir. On le voit, la guerre est tenue en horreur, même chez les peuples les plus belliqueux de la terre. Au moyen âge tous les hommes libres étaient d'abord soldats. Mais il paraît que cela ne les amu-sait pas beaucoup, puisqu'on fut obligé de créer des armées permanentes à partir du xvᵉ siècle. Si la guerre avait été un plaisir, on serait accouru avec enthousiasme sous les bannières royales. Il paraît que ce n'était pas le cas puisqu'on établit le recrutement forcé.

Pour ce qui est du temps présent, on peut affirmer, sans crainte de se tromper, que de l'Oural à l'Atlantique les peuples européens ont la plus sainte horreur du recrutement et de la guerre. Personne ne consentirait à être soldat s'il n'était sûr d'être puni pour refus de service militaire. Il est moins pénible en Angleterre que partout ailleurs. Cependant, depuis la guerre de Crimée, « la moyenne des déserteurs des armées anglaises n'a jamais été inférieure au cinquième des recrues; elle a été quelquefois de la moitié (¹) ».

Chaque individu, en se réveillant le ma-

_____

(¹) E. Reclus, *Nouvelle Géographie universelle*, t. III, p, 881.

tin, ne songe nullement à aller casser la tête de ses semblables. Il cherche seulement à augmenter son bien-être dans la mesure de ses forces. On peut en donner une preuve matérielle. A-t-on jamais vu un peuple pétitionner pour demander une guerre? On l'accepte parce qu'on la croit inévitable, mais on la fait toujours à son corps défendant.

Grâce à l'organisation perfectionnée des sociétés modernes, un ordre, parti du cabinet d'un ministre, peut mettre en branle en quelques heures une nation de cent millions d'hommes. Parfois cet ordre oblige d'accomplir des actions odieuses à l'immense majorité des citoyens. Ils les exécutent cependant par suite des réflexes sociaux. L'habitude d'obéir au chef d'État, étant devenue une seconde nature, toute résistance disparaît.

Cette organisation sociale permet à certains individus, très peu nombreux, de disposer des destinées des plus grands États. Pour obtenir des avantages matériels où des satisfactions d'amour-propre, ces individus déchaînent parfois les guerres les plus sanglantes. Certes les Français ne songeaient en aucune façon à faire la campagne de Russie en 1812 ([1]). Mais Napoléon la voulait. Les producteurs et les travailleurs allemands ne songeaient certes pas à envahir la France en 1870. Mais les trois copains : Moltke, von Roon et Bismarck, le voulaient.

([1]) Le projet de cette guerre était tenu secret. Quand l'empereur quitta Paris pour commencer cette campagne, le *Moniteur* annonça seulement qu'il allait inspecter la Grande Armée réunie sur la Vistule

13.

Un heureux concours de circonstances se produit actuellement. Aucun ministre n'est de taille à faire de la politique personnelle. Les souverains des grandes nations européennes sont trop imbus de sentiments humanitaires pour déchaîner la plus atroce des guerres afin d'éprouver quelques-unes de ces délicieuses émotions que procure la victoire. Aucun d'eux n'est assez égoïste pour infliger les plus horribles souffrances à des millions de créatures humaines pour quelques satisfactions d'amour-propre (¹).

Puisque les peuples ne veulent pas la guerre et les souverains non plus, il sem-

(¹) L'empereur Guillaume II disait à M. Jules Simon en mars 1890 : « Votre armée est prête; elle a fait de grands progrès.... C'est pourquoi je regarderais comme un fou ou un criminel quiconque pousserait les deux peuples à se faire la guerre ».

blerait qu'on pourrait mettre bas les armes
et organiser les États-Unis d'Europe. Pourquoi ne le fait-on pas ? Il n'y a qu'une
seule raison, mais elle est formidable ! La
ROUTINE !

Ceci paraîtra paradoxal à un grand
nombre de nos lecteurs, nous le savons.
Mais c'est après avoir très mûrement réflé-
chi que nous nous décidons à émettre cette
proposition. Nous pensons cependant qu'elle
sera partagée, tôt ou tard, par tous les esprits éclairés.

Hélas, oui, on fera la guerre dans l'avenir
seulement parce qu'on l'a faite dans le
passé. Les batailles futures des Européens
seront d'épouvantables holocaustes offerts
à SAINTE ROUTINE.

De nombreuses questions sont pendantes

à l'heure actuelle. Mais chaque homme, pourvu du bon sens le plus vulgaire, comprend parfaitement qu'elles peuvent être résolues sans la moindre difficulté par l'arbitrage ou le plébiscite. Si l'on repousse ces moyens et si l'on préfère la bataille, c'est, nous le répétons, pour une seule et unique raison : nos ancêtres ont toujours fait la guerre en pareille circonstance, donc nous devons faire comme eux. Nos ancêtres considéraient comme honteux de rendre l'indépendance à un pays sans verser du sang, donc nous devons le considérer aussi comme honteux. Une voix secrète nous crie de tous côtés qu'il n'en est pas ainsi, que l'oppression des nations étrangères est un acte abject, honteux, contraire à notre intérêt. Mais nous étouffons cette voix bénie

de la saine raison pour écouter celle de
notre idole préférée : SAINTE ROUTINE.

———

CHAPITRE XI

LA GUERRE CONSIDÉRÉE COMME FORME UNIQUE DE LA LUTTE

Les apologistes de la guerre ont parfaitement raison : la lutte c'est la vie. La vie est une action du milieu sur l'organisme et une réaction de l'organisme sur le milieu, donc un combat perpétuel. La paix absolue serait la suppression du mouvement, c'est-à-dire une pure abstraction, puisque matière et mouvement sont une seule et même chose que nous séparons par une opération subjective de notre esprit.

L'homme cessera de lutter le jour où il n'aura plus de désirs, donc le jour où il

cessera de vivre.... Dès que s'arrête le
combat apparaît la stagnation et la mort.
« Les cimetières sont réellement le seul
endroit du monde où règne la paix perpétuelle (¹). »

Sans luttes et sans antagonismes, les
sociétés tomberaient effectivement dans la
torpeur la plus somnolente, dans la plus
dangereuse léthargie. Cela est parfaitement
juste, seulement la grande erreur consiste
à considérer la guerre comme la forme
unique qu'affecte la lutte dans l'humanité.

Les confusions de ce genre sont nombreuses. Les plus illustres philosophes
affirment que l'univers arrivera un jour à
l'équilibre définitif. On se représente cet

(¹) Valbert, *loc. cit.*, p. 692.

état de choses comme l'absence de tout mouvement. Or équilibre signifie seulement constance des trajectoires. Si la terre commençait à parcourir demain 50 kilomètres dans une seconde, 10 dans la suivante et 100 à la troisième, le système solaire serait déséquilibré. Mais si elle continue à se mouvoir avec sa vitesse normale de 29 kilomètres, ce système reste en équilibre. L'équilibre peut comporter les vitesses les plus vertigineuses.

De même les luttes les plus ardentes peuvent agiter l'humanité; l'activité, la fièvre peuvent être partout, à toute heure, à tout instant, sans qu'il soit nécessaire de se massacrer sur les champs de bataille comme des animaux féroces. Il est même facile de démontrer que l'intensité du mou-

14

vement sera en raison directe de la rareté des carnages. En effet, la guerre produit l'anarchie et le désordre qui amènent la stagnation intellectuelle, donc un minimum de mouvements cérébraux. Avec l'ordre et la justice, c'est-à-dire la paix, l'esprit humain prend le plus puissant essor, donc les mouvements cérébraux vont en s'accélérant.

Oui, l'erreur principale consiste à confondre la guerre avec la lutte alors que la guerre est seulement un moyen, un procédé pour atteindre certaines fins. Or, cette vérité est formulée depuis longtemps par le langage usuel, où se manifestent les plus hautes spéculations mentales d'une société donnée.

Nous prenons quelques phrases au hasard, les premières qui nous tombent sous les yeux : « Lorsque M. Casimir-Périer descend de la tribune, le gouvernement a gagné la bataille et M. Millerand n'intervient plus que pour couvrir la retraite (¹)». Parlant du gouvernement des radicaux, M. de Marcère dit qu'il « produisit dans les rapports des citoyens avec l'État ou des représentants de l'État avec les citoyens, dans les relations privées et jusque dans les familles un état de guerre intestine et une intransigeance mutuelle qui faisait ressembler la France à une multitude de camps ennemis (²) ».

M. Philippe Gill a publié dernièrement un livre intitulé *la Bataille littéraire*. « Chaque chapitre comprend une des formes de la

(¹) *Journal des Débats* du 9 mai 1894.
(²) *Nouvelle Revue* du 1ᵉʳ mai 1894, p. 8.

lutte à laquelle nous assistons : lutte des
idéalistes et des naturalistes, des spiritua-
listes et des romantiques, du paradoxe
contre la raison (¹) ». Le lecteur sait bien
que, dans tous les cas dont il est question
dans ces citations, il n'a pas coulé une
seule goutte de sang.

On emploie vingt fois par jour des expres-
sions de ce genre. Qu'est-ce que cela démontre? Mais simplement ceci : la sagesse
des nations a découvert depuis longtemps
cette vérité élémentaire : la guerre, ayant
pour but la conquête des territoires, n'est
pas la seule forme qu'affecte la lutte dans
les sociétés humaines; elle en affecte un
grand nombre d'autres. Mais, dira le lec-

(¹) *Nouvelle Revue* du 15 mai 1894, p. 432.

teur, c'est le pont aux ânes! Précisément,
c'est là où nous voulions en venir. N'est-il
pas étrange qu'une idée si simple, si généralement répandue n'ait pas encore frappé
les apologistes de la guerre?

Il en est de la diversité des luttes comme
de la division du travail. Celle-ci a été pratiquée depuis la plus haute antiquité. Déjà
à l'époque de la pierre éclatée, l'homme
allait à la chasse et à la maraude et la femme
s'occupait de cuire les aliments. L'homme
n'avait du reste qu'à se regarder lui-même
pour voir la division du travail pratiquée
sur une échelle d'une magnitude immense.
Les pieds et les mains accomplissent des
fonctions distinctes. On ne peut pas voir
par les oreilles ni entendre par les yeux.
Tout cela devait être suggestif, n'est-ce pas?

14.

Cependant le premier penseur qui a compris l'importance de la division du travail et qui en a fait une observation scientifique fut Adam Smith, dans la seconde moitié du xviiie siècle ! Ainsi un fait observé des milliards et des milliards de fois, depuis la plus haute antiquité, n'a été compris et n'est devenu conscient qu'en l'an 1776 de notre ère, grâce au génie du célèbre économiste écossais !

L'homme est un être très complexe : il a des besoins alimentaires, génésiques, économiques, politiques, intellectuels et moraux. Chacun de ces besoins le pousse à l'action. Quand il rencontre des résistances, venant soit du milieu physique, soit des autres espèces, soit de ses semblables, il est porté à vouloir les écarter.

Pour y parvenir de la façon la plus rapide et la plus efficace, il y a lieu d'employer différents procédés : le travail, la violence, la persuasion, etc.

Or les routiniers de l'école de MM. Jähns et Valbert ne comprennent pas cette vérité élémentaire. Ils s'imaginent que la seule lutte, existant dans l'humanité, a pour but l'annexion des territoires des voisins et que le seul procédé de combat est le massacre sur les champs de bataille.

Cette étroitesse d'esprit est surtout étonnante de la part de l'auteur français, car son pays est maintenant un foyer de luttes extrêmement ardentes qui ne s'accomplissent cependant pas par le procédé de la tuerie. Il y a d'abord les compétitions économiques, devenues si graves grâce au socialisme; puis la lutte engagée entre la libre pensée et l'Église catholique, qui avait pris une si grande acuité à l'époque du gouvernement des radicaux. Enfin il y a en France 12 millions de Languedociens, de Flamands, de Celtes, etc., qu'il s'agit d'assimiler à la nationalité dominante. En Algérie on lutte aussi pour franciser les Arabes. Comment M. Valbert ne voit-il pas tous ces faits ?

La conquête n'est donc pas l'unique objectif de la lutte, et la guerre n'en est pas l'unique procédé. On peut même dire que ce procédé n'est vraiment efficace que dans la lutte physiologique ou alimentaire. X. a faim. Il ne trouve aucune nourriture, il se jette sur Z., le tue et le mange. C'est un acte cruel, mais rationnel. Si nous ne faisions pas la guerre aux végétaux et aux animaux, si nous ne les massacrions pas, il nous serait impossible de vivre. Mais passé la phase physiologique, la guerre est un procédé inefficace. La lutte économique a pour objectif la richesse. Sitôt qu'on emploie la guerre, loin d'augmenter sa richesse, on la diminue. La lutte intellectuelle a pour but d'amener d'autres hommes à penser comme soi. Sitôt qu'on emploie la guerre comme moyen de conviction, loin de hâter la diffusion de ses idées, on la retarde (¹).

Quand la diversité des luttes sociales sera devenue une idée consciente, quand elle sera tombée dans le domaine public,

---

(¹) Les limites de ce travail ne nous permettent pas d'entrer dans des développements sur ce sujet ; nous renvoyons le lecteur à nos *Luttes entre sociétés humaines*.

les hommes seront stupéfaits de voir qu'elle a été si longtemps méconnue. Hélas! les ponts aux ânes sont quelquefois les plus difficiles à passer. On peut dire que tout l'effort de la science consiste à ramener certaines vérités à être classées parmi celles de l'illustre M. de La Palisse.

On nous apprend en effet que :

> La Palisse eut peu de bien
> Pour soutenir sa naissance,
> Mais il ne manqua de rien
> Dès qu'il fut dans l'abondance.

Cela paraît incontestable, n'est-ce pas? Eh bien! nous allons présenter au lecteur une autre vérité plus stupéfiante, qui a été méconnue pendant des milliers d'années et qui est encore contestée par un très grand nombre de gens : « On ne peut pas augmenter la richesse en la détruisant ». A coup sûr l'ombre de M. de La Palisse doit tressaillir en voyant cette phrase. Eh bien, comme nous l'avons montré plus haut, depuis l'époque historique, l'homme a détruit la valeur de 4000 milliards de francs, toujours avec l'idée que cette destruction augmenterait sa richesse! Si les hommes réglaient leur conduite sur cette vérité de La Palisse : on ne peut pas augmenter la richesse en la détruisant, personne ne ferait plus de guerres de conquête, puisqu'on comprendrait qu'elles appauvrissent le vainqueur autant que le vaincu. Quand viendra ce moment fortuné?

Mêmes circonstances pour les luttes humaines. Elles ont plusieurs objectifs. L'efficacité des procédés de combat se modifie selon le but poursuivi. Quand les hommes régleront leur conduite sur cette vérité élémentaire, la face du monde sera complètement changée.

———

CHAPITRE XII

LES THÉORICIENS DE LA FORCE BRUTALE

Le génie de Darwin a produit une révolution profonde dans toutes les sciences humaines. Un voile est tombé de devant nos yeux. Des faits, observés pendant des siècles à des millions de reprises ont été interprétés pour la première fois d'une façon scientifique. On s'est aperçu que chaque arbre, chaque brin d'herbe, dispute à ses voisins les éléments nourriciers du sol et la lumière du soleil. On a compris que chaque insecte, chaque animal, ne peut vivre qu'en détruisant d'autres êtres vivants. L'idée de la lutte a bientôt été transportée des phéno-

15

mènes biologiques à tous les autres. On a
vu qu'elle était la loi universelle. Les
atomes luttent entre eux pour former des
corps chimiques. Les nébuleuses et les
astres se disputent la matière répandue
dans les espaces célestes. Les cellules de
notre corps se livrent des combats acharnés
et sans trève. Les idées dans notre cerveau
se disputent la prééminence. En un mot
partout est la tension et l'effort, manifestation de l'éternelle énergie. Grâce à Darwin,
notre conception de l'univers a été entièrement transformée : de statique elle est
devenue dynamique.

Comme toute réaction politique va au
de là du but, toute nouvelle théorie entraîne
parfois les esprits dans une direction trop
exclusive. Plus elle contient de vérité, plus

son courant devient impétueux. Il submerge
tout. Il empêche de se rendre compte de
certains phénomènes qui ont une très
grande importance.

Les faits sociaux ne sont pas absolument
identiques aux faits biologiques. Ils pré-
sentent une série de facteurs nouveaux qui
ne doivent pas être négligés. Parce que le
massacre est le procédé le plus généralement employé dans les luttes entre espèces
animales, il ne s'ensuit pas nécessairement qu'il doive en être ainsi dans l'espèce
humaine. Celle-ci, outre la lutte physiologique, en présente encore d'économiques, de politiques et d'intellectuelles
qui n'existent presque pas parmi les animaux. On peut même dire que la lutte
physiologique, forme dominante dans le

règne animal, est pour ainsi dire terminée parmi les hommes, puisqu'ils ne se mangent presque plus les uns les autres.

Voilà ce que certains théoriciens n'ont pas compris ! Fascinés par les idées darwiniennes, ils les ont acceptées aveuglément sans voir les modifications qu'elles subissent dans le milieu social.

L'Origine des espèces a paru en 1859. Peu d'années après l'Europe a subi un assauvagissement relatif, grâce à l'entrée en scène du grand « génie » politique qui s'appelle M. de Bismarck. Ce hobereau prussien à l'esprit étroit, au cœur sec et ambitieux comme Bonaparte, n'avait d'adoration que pour la force brutale. Il ne comprenait d'autre procédé de lutte que le sabre. Il proclamait que la baïonnette

prime le droit et que dans le monde tout
doit se faire par le fer et par le sang. Le
prestige qu'il exerça en Allemagne fut immense. M. de Bismarck a été adoré à l'égal
d'un demi-dieu. Les marques d'adulation
servile qu'on lui a prodiguées dans son pays
montrent mieux que toute chose l'abaissement moral d'une immense partie de la
population allemande.

D'un côté Darwin, mal interprété, de
l'autre le prestige de M. de Bismarck, ont
fait naître une nouvelle école de théoriciens qui refont l'histoire à leur manière.
Pour entreprendre une recherche, l'homme
a besoin forcément d'une idée préconçue.
Aussi voit-on fort souvent les choses, non
comme elles sont réellement, mais comme
on voudrait qu'elles soient. Voilà pour-

15.

quoi on trouve dans l'histoire la confir-
mation des systèmes les plus étranges,
éclos dans l'imagination la plus bizarre.

Un professeur de l'université de Gratz,
M. Gumplowicz, a publié, en 1885, un
ouvrage intitulé *der Rassenkampf* ([1]), où se
manifeste d'une façon très nette la tendance
des théoriciens de la force brutale. Selon
cet auteur, l'espèce humaine a une origine
polygéniste. Chaque race provient d'une
souche distincte. Par conséquent l'antagonisme et la haine ont toujours existé entre
les races humaines et ils les diviseront
jusqu'à la fin des temps. « La perpétuelle
lutte des races est la loi de l'histoire, con-
clut M. Gumplowicz, tandis que la paix per-

([1]) Il a été traduit en français, par M. Bayens, sous le
titre de *la Lutte des races*, Paris, Guillaumin, 1895.

pétuelle n'est que le rêve des idéalistes. »
Un disciple du professeur de Gratz, M. Ratzenhofer, condense cette théorie dans une
seule proposition : « Le contact de deux
hordes produit l'épouvante et la fureur.
Elles se précipitent l'une sur l'autre dans
un combat d'extermination ou bien elles
se fuient pour éviter tout rapproche-
ment (¹) ».

On avait pensé jusqu'ici que les hommes
avaient combattu leurs semblables pour
s'emparer des subsistances, des femmes,
des richesses, des profits du gouvernement,
pour imposer une religion ou un type de
culture. Dans toutes ces circonstances la

(¹) « Zwei Horden gerathen bei der Berührung in Wuth
und Schrecken; sie stürzen sich in der Vernichtungs-
kampf oder fliehen die Berührung ». (*Wesen und Zweck
der Politik*. Leipzig, Brockhaus, 1893, t. I, p. 9.)

guerre est un moyen. Les théoriciens nouveaux proclament que tout cela est faux. Les hommes doivent se massacrer éternellement à cause du polygénisme! Les tueries sauvages sont une loi de la nature, elles doivent s'opérer en vertu de la FATALITÉ.

C'est fort beau! Mais voyons si ces sombres théories soutiennent la critique des faits.

En 1865, 132 Gallois débarquèrent à Golfo Nuevo, en Patagonie. Ils se mirent à l'œuvre, mais les récoltes furent misérables et la petite colonie allait mourir de faim. « Heureusement pour eux, dès leur première rencontre avec les Téhuel-Ché ils se lièrent d'amitié avec ces Indiens, qui les nourrirent, leur apportèrent du gibier, du poisson et des fruits en échange de quelques petits objets de manufacture anglais (¹). » Peut-on imaginer deux races plus différentes que les Celtes du pays de Galles et les Téhuel-Ché de la Patagonie? Cependant. nous le demandons à M. Ratzenhofer, comment dès le premier contact ces deux groupes ne se sont-ils pas précipités l'un sur l'autre « dans un combat d'extermination »? C'est que la prétendue FATALITÉ de ce combat est de la pure métaphysique. Toute créature vivante poursuit la jouissance et non la lutte. Le contact de deux hordes peut produire les résultats les plus divers : l'hostilité comme l'amitié. Cela dépend des intérêts engagés et de milliers de circonstances fortuites.

Si nous ne voulions pas fatiguer le lec-

(¹) E. Reclus, *Nouvelle Géographie universelle*, t. XIX, p. 752.

teur, nous pourrions citer des faits innombrables, démontrant que le premier contact
de races entièrement différentes a été pacifique, comme celui des Gallois et des Téhuel-
Ché. Et il ne peut pas en être autrement.
Si les théories de MM. Gumplowicz et Ratzenhofer étaient vraies, il faudrait ren-
verser tous les fondements de la psychologie.
Il faudrait admettre qu'il y a des actions
sans volitions. Quand l'homme attaque son
semblable ou des espèces différentes, c'est
toujours pour obéir à un désir, pour acquérir
quelque bien ou se préserver de quelque
mal. Mais le « combat d'extermination » de
deux hordes serait une action sans objectif,
donc une impossibilité psychologique. La
seule apparition d'un étranger ne constitue
pas toujours une souffrance par elle-même.

Sans doute, on ne peut pas contester le misonéisme, qui fait considérer toute chose nouvelle comme désagréable; mais on ne peut pas nier non plus l'existence du philonéisme, qui produit l'effet justement opposé. C'est aussi un trait essentiel de l'âme humaine. La monotonie engendre l'ennui, c'est-à-dire une véritable souffrance. Les cas où l'étranger est bien accueilli sont aussi nombreux que ceux où il l'est mal.

Voilà pourquoi, il faut le redire, le contact de deux groupes sociaux peut produire les conséquences les plus diverses : l'alliance aussi bien que le combat. Aucune sombre FATALITÉ ne nous oblige de nous massacrer éternellement comme des bêtes fauves. Toutes les théories, basées sur cette prétendue fatalité, sont de pures fantasmagories absolument dénuées de toute réalité positive.

C'est ici l'occasion de relever une autre erreur dont on a beaucoup abusé dans ces derniers temps : ce sont les prétendues guerres de races. Elles aussi sont de purs fantômes. Il n'y a pas eu de guerre de races jusqu'à présent par la raison toute simple que les races n'avaient aucune conscience de leur individualité. Quand les luttes pour la domination politique s'accomplissaient à la limite de deux groupes linguistiques, elles devenaient une guerre de races par accident. Les Allemands n'ont pas combattu sur leurs marches orientales par haine des Slaves, mais pour acquérir des territoires qui leur convenaient (¹). Les

(¹) Les guerres de Charlemagne contre les Saxons ont

Français ont fait des conquêtes du côté du Rhin, non pas par haine des Germains, mais simplement pour agrandir leur État. Ils ont tout aussi bien combattu les Espagnols, dans ce but, bien qu'ils fussent des Latins.

L'idée de la nationalité, beaucoup plus concrète, est encore toute récente dans le monde, à plus forte raison celle de la race. Les Slaves ont eu conscience de l'unité de leur race seulement depuis les travaux de Safarik et de ses émules, c'est-à-dire depuis une soixantaine d'années environ. Les Suédois, les Danois et les Allemands sont des Germains. Cela ne les a pas empêchés de se

été aussi atroces que les guerres des Allemands contre les Slaves. Cependant Charlemagne et les Saxons étaient Germains.

16

combattre avec fureur et cela ne les a pas
poussés à se donner des institutions communes. Rien de plus conventionnel d'ailleurs que l'idée de la race. Où sont ses
limites? Nous les fixons arbitrairement par
des considérations purement subjectives (¹).
Aussi la différence de race a eu une action
assez médiocre sur l'histoire politique. Il
semble que les Arabes et les Espagnols for-
maient deux races bien distinctes, entre
lesquelles aucune alliance n'était possible.
Eh bien, que voyons-nous en réalité? Le

(¹) Si les différences physiologiques qui séparent un
Français d'un Allemand constituent les limites d'une
race, pourquoi celles qui séparent un Normand d'un Pro-
vençal ne les constitueraient-elles pas? Elles sont tout
aussi grandes. Mais où s'arrêter? On peut aussi dire que
Bavarois et Prussiens forment deux races différentes. En
réalité les limites n'existent pas dans la nature, elles
sont de pures catégories subjectives de notre esprit.

fameux Cid Campéador, le héros national
de l'Espagne, a combattu parfois des princes
chrétiens allié à des émirs musulmans. Le
but des luttes au moyen âge était de s'emparer des territoires les plus grands pos-
sibles. Jusqu'à nos jours, c'est la cause
principale des guerres. Nous défions qu'on
nous cite une seule campagne entreprise
consciemment en vue de soutenir les intérêts d'une race humaine.

CHAPITRE XIII

SYNTHÈSE DE L'ANTAGONISME
ET DE LA SOLIDARITÉ

Les théories de MM. Gumplowicz et Ratzen-hofer sont heureusement aussi fausses qu'elles sont impitoyables. D'abord l'homme n'est guidé par aucune FATALITÉ incompré-hensible, mais simplement par ses inté-rêts. On ne poussera certes pas un groupe social à aller en massacrer un autre parce que l'humanité a une origine polygéniste. Peu m'importe ce qu'était mon ancêtre il y a mille générations. Ce qui m'importe, c'est d'avoir le maximum possible de jouis-sances avec le minimum de travail.

16.

Mais, de plus, les auteurs que nous venons de citer ont entièrement négligé un autre côté de la question. Ils ont seulement vu le combat, ils n'ont pas aperçu ou n'ont pas relevé le phénomène de l'alliance. Excusez du peu ! Que serait le chimiste qui verrait seulement les forces poussant à la déformation des composés chimiques et négligerait d'étudier celles qui poussent à leur cohésion. Ce sont les deux faces du même phénomène. Les atomes ne peuvent pas disparaître de l'univers. S'ils quittent un agrégat, il faut, forcément, qu'ils s'associent à un autre. La chimie est, à proprement parler, la science des *composés* atomiques.

De même dans les sociétés. Le combat et l'alliance y sont deux phénomènes simultanés et parallèles. «Que plusieurs assassins, dit M. Lacombe, décidés à guerroyer contre la société, s'unissent et forment une société particulière, aussitôt il y aura entre eux une convention expresse (et nous ajouterons, ou tacite) de ne pas se tuer réciproquement » (¹). Pour qu'un groupe social puisse entreprendre une lutte contre un autre, il faut forcément qu'il s'établisse une alliance entre ses unités composantes.

M. Gumplowicz sait bien qu'à l'époque quaternaire des hordes de quelques centaines de personnes composaient le groupe social et luttaient contre des groupes similaires. En 1870, trente-huit millions de Français ont combattu contre un même

(¹) *De l'histoire considérée comme science*, p. 77.

nombre d'Allemands. Si les bandes s'étaient
« toujours précipitées les unes sur les
autres dans un combat d'extermination, ou
si elles avaient toujours fui les contacts
mutuels », comment de si vastes associations auraient-elles pu jamais s'organiser?
En réalité, les alliances entre les hordes,
les tribus, les cités et les États sont aussi
nombreuses et aussi fréquentes que les
combats. Toujours, quand on commence
les hostilités, on cherche des alliés. L'histoire mentionne autant de coalitions d'États
que de guerres entre eux. Aujourd'hui l'Europe est partagée en deux camps : la
triplice d'une part, la France et la Russie
de l'autre. On le voit, encore ici, l'alliance
va de pair avec l'antagonisme.

De plus, comment M. Gumplowicz ne

voit-il pas qu'il n'y a pas de limites à l'association? Rien n'empêchera demain 1 480 000 000 d'hommes, répandus sur 155 000 000 de kilomètres carrés, de former une alliance, comme rien n'a empêché 581 000 000 d'hommes, répandus sur 25 000 000 de kilomètres carrés, d'en former une aujourd'hui (¹).

La loi darwinienne n'empêche en aucune façon l'humanité entière de s'unir en une fédération au sein de laquelle régnera la paix.

Mais, dira-t-on, comment conciliez vous cela avec la lutte perpétuelle qui est la loi universelle de la nature? De la façon la

(¹) Le premier chiffre est la population du globe entier et l'étendue de tous les continents, le second est la population et l'étendue de l'empire britannique.

plus simple. Il suffit de se souvenir que le massacre n'est pas le procédé unique de la lutte. Il se passera au sein de la confédération humaine ce qui se passe déjà au sein de chaque État. Ici la lutte ne disparaît en aucune façon ; mais elle s'accomplit par la concurrence économique, les plaidoiries des avocats et les sentences des juges, les bulletins de vote, l'organisation des partis, les discussions parlementaires, les meetings, les conférences, la prédication, l'école, les associations scientifiques, les congrès, les brochures, les livres, les journaux, les revues, bref par la propagande orale et écrite. Et il ne faut pas croire que ces procédés ont été préférés aux massacres parce que les hommes sont devenus meilleurs. Les idylles n'ont rien à voir dans ces questions. Non, ces procédés ont été préférés simplement parce qu'ils ont été trouvés plus efficaces, donc plus rapides et plus commodes. « Nous ne vous donnerons pas la satisfaction de nous fusiller dans la rue », a dit un jour M. Liebknecht, en s'adressant au comte Caprivi. Si les socialistes préfèrent le bulletin de vote, comme arme de combat, ce n'est certes pas par amour des conservateurs.

Tous les procédés de lutte, énumérés plus haut, sont constamment employés, en temps normal, entre les 381 millions de sujets de la reine Victoria, répandus sur 25 millions de kilomètres carrés; ils pourront être aussi employés exclusivement par 1 480 000 000 d'hommes, répandus sur 155 millions de kilomètres carrés. Alors

la fédération du globe entier sera un fait
accompli.

Pourquoi dit-on que les Français forment
une unité politique? Simplement parce
qu'ils ne se font plus la guerre, en temps
normal. Mais est-ce à dire que les autres
procédés de lutte, énumérés plus haut, ont
été abandonnés par eux? Nullement. La
synthèse de l'antagonisme et de la solidarité se fait de la façon la plus simple du
monde quand on se décide à passer le pont
aux ânes, quand on se décide à comprendre,
d'une façon consciente, ce que le langage
usuel a déjà formulé mille fois : *les luttes
se font par les procédés les plus divers.* En un
mot, la concurrence économique et politique et les compétitions mentales ne cessent jamais parmi les hommes, donc l'an-

tagonisme subsiste toujours; mais, dès
que les hommes cessent de se massacrer
les uns les autres, la solidarité s'établit
entre eux.

La simultanéité de l'antagonisme et de
la solidarité peut s'observer dans tous les
groupements humains. Voyez des enfants
dans une classe. Ils luttent entre eux puisque chacun veut être le premier, mais ils
se sentent aussi solidaires; vienne un différend avec une autre classe, ils agissent
comme un seul homme. Que les Chinois
arment demain 36 millions de soldats (¹)
pour détruire la civilisation occidentale, aussitôt Allemands, Anglais, Français, Italiens
et Russes, si profondément divisés aujour-

_____

(¹) Les armées européennes sur pied de guerre embri-
gadent environ 1 pour 100 de la population totale. Si

d'hui, s'allieront immédiatement et feront cause commune.

M. Gumplowicz et les autres apologistes des massacres pèchent de plus par un autre côté. Ils ont la vue extrêmement courte. Ils s'imaginent que l'homme a un seul ennemi : l'homme. Il n'en est pas ainsi, il en a d'autres infiniment plus dangereux et plus cruels : ce sont certaines espèces animales et végétales et le milieu ambiant. Combien de millions de nos semblables n'emporte pas tous les ans le microbe de la phtisie, sans parler de ceux du choléra et de la peste? Le phylloxéra a coûté à la France bien plus

---

l'état militaire de la Chine était aussi bien organisé que le nôtre, elle pourrait mettre en campagne le nombre d'hommes indiqué dans le texte.

que les 5 milliards de l'indemnité prussienne. D'innombrables parasites s'attaquent à nos récoltes et obligent des milliers d'hommes à mourir de faim et de misère. Et le milieu physique? Combien de souffrances et de tourments engendrent le froid sous nos latitudes, la chaleur sous les tropiques. Comptez les innombrables victimes de ces deux seuls agents. Nous ne parlons plus des ouragans, des grêles, des inondations, des sécheresses. Les malheureux qui périssent sous les coups de ces fléaux se comptent parfois par millions.

L'ennemi fait l'allié. Les Allemands se sont combattus en 1866; ils se sont tous unis, quatre ans après, contre l'ennemi commun, les Français. L'Europe, si profondément divisée, se trouverait unie de-

vant la Chine. Quand nous cesserons d'être
plus aveugles que les taupes, nous com-
prendrons cette vérité élémentaire : les
questions qui divisent les nations civilisées sont des bagatelles, des niaiseries,
des puérilités. Verser des torrents de sang
pour la possession d'une province est un
véritable enfantillage. Nos ennemis les plus
terribles, les autres espèces et les éléments,
nous attaquent chaque minute, chaque
heure, chaque jour, sans trêve et sans
répit, et nous nous massacrons les uns les
autres comme des insensés! La mort nous
guette à tout instant, et nous ne songeons
qu'à nous arracher quelques lambeaux
de territoire! Cinq milliards de journées
de travail environ ont pour objectif tous
les ans le déplacement des frontières

politiques. Songez à ce que l'humanité pourrait obtenir si ces prodigieux efforts étaient consacrés à combattre nos ennemis véritables : les espèces nuisibles et le milieu hostile. Nous les dompterions en peu d'années. Le globe entier deviendrait une ferme modèle. Toute plante pousserait pour notre usage. Les animaux féroces disparaîtraient; les infiniment petits seraient peut-être réduits à l'impuissance à force d'hygiène et de propreté. La planète entière serait aménagée selon nos convenances : l'isthme de Panama n'opposerait plus d'obstacles au passage des navires, le Caucase et l'Himalaya, au passage des trains. Bref, le jour où les hommes comprendront quels sont leurs plus dangereux ennemis, ils s'allieront contre eux, ils

cesseront de se massacrer comme des bêtes
fauves pour de simples niaiseries. Alors
ils deviendront véritablement les domina-
teurs de la planète, les rois de la création.

L'homme a été autrefois le gibier de
l'homme. Dans nos États modernes, vastes
sociétés de spoliation mutuelle, l'homme
est le plus souvent l'esclave de l'homme.
Nous atteindrons le point culminant de
la prospérité réalisable ici-bas, quand
l'homme sera devenu l'allié de l'homme.

TABLE DES MATIÈRES

29 953. — Imprimerie LAHURE, 9, rue de Fleurus, à Paris.

www.ingramcontent.com/pod-product-compliance
Lightning Source LLC
Chambersburg PA
CBHW072224270326
41930CB00010B/1982